Índice

Agradecimientos

A Luciana, Nahuel, Luz del Sol y Napoleón,
mis hijos, por haberme dado la vida.
A mis padres, Luz y Henry, porque tuvieron la sensatez
de dejarme pensar por mí mismo.
A Maria Lopez, por haberme empujado
al borde de mi cordura.

Prólogo

Cuando le hablé de mi libro a mi colega Mauricio Zeilic, él me recomendó: "No lo escribas con resentimiento, escríbelo con pasión y seriedad".

Tenía mucha razón. Le respondí que si lo hubiese empezado en septiembre de 2005, cuando en Univisión me dijeron que recogiera mis cosas y me fuera, lo hubiera hecho en un tenor muy diferente.

Sin embargo, con el paso del tiempo me di cuenta de que el tono de mi retórica cambiaba, a medida que analizaba todo lo que viví como periodista de la cadena.

Te aseguro, estimado lector, lectora, que salí enojado, como cualquiera en las mismas circunstancias. Pero cuando el enojo se disipó, mi visión de las cosas cambió por completo y ahora, en general, me siento agradecido por todo lo que crecí como persona al viajar y vivir tantas experiencias mientras laboraba para Univisión.

El propósito de este libro no es desmerecer a nadie, sino mostrar una realidad que pocos han visto o han comentado. Quiero, más que cualquier otra persona, que los directivos de Univisión se enteren de cuáles son los errores que han cometido —y siguen cometiendo— y comiencen a respetar a sus empleados y a la audiencia.

Es difícil ver lo que yo he visto o vivir lo que he vivido sentado detrás de un escritorio en una oficina con aire acondicionado en Miami o Los Ángeles. Es imposible comprender muchas situaciones que leerán en este libro sin haber sido protagonista de las mismas.

Con seguridad, me arrepiento de muchas cosas que hice en mi vida, pero nunca de haber sido reportero de Univisión.

Y detrás de mis palabras no hay resentimiento, tal vez un poco de frustración, la cual no es de ahora sino de siempre.

Lo que aquí expreso es lo que piensan muchas personas que aún trabajan para la cadena y no se atreven a decirlo en público por temor a las consecuencias. Las entiendo a la perfección: nadie quiere escupir la mano que le da de comer, mucho menos sabiendo que las posibilidades de encontrar trabajo en otra parte son mínimas.

Trabajar para Univisión es un honor y un privilegio, aunque esto es así por lo que significa como medio de comunicación, no precisamente por la forma como la empresa trata a sus empleados. Aquí intentaré crear conciencia al respecto, tanto en el público como en quienes toman decisiones en ella.

Mauricio, espero que no encuentres resentimiento en mi libro, y tampoco mis lectores. Todo lo que digo lo vi, lo viví en carne propia, durante muchos años.

Mis entrevistados saben que no soy un periodista "chismoso" que intente entrometerse en un mundo ajeno, pero sí me he esforzado por descifrar, con todo respeto, el jeroglífico monumental que somos los seres humanos.

De mi profesionalismo dan cuenta no sólo mis premios, sino también el reconocimiento de mis ex compañeros de trabajo. Además, tantos años de continuidad en Univisión no se logran con mediocridad.

Ésta es mi historia, contada en mis términos, con base en mi percepción, en mi instinto, el mismo que he utilizado siempre para hacer mis reportajes.

Representa el reportaje más importante que he realizado en mi vida porque hablo de una parte de ella que jamás olvidaré y en él les entrego la misma pasión que puse siempre en mi trabajo.

Muchas gracias por escucharme.

1. El inicio

Para disfrutar mejor este relato es necesario entender en qué forma se hace un programa de televisión como *Primer Impacto*. Pero, dado que sé que analizar los aspectos técnicos sería en extremo aburrido para muchos de ustedes, se los explicaré de una forma simple: ¡es muy complicado!

Imaginen lo que es conjuntar el esfuerzo de cientos de personas distintas, con personalidades y talentos diversos, que todos los días, a las cinco de la tarde, deben presentar un examen impecable. ¿Por qué impecable? Porque varios millones de jueces estarán mirando y defraudarlos no es una opción, mucho menos engañarlos.

Lo que los televidentes ven finalmente son sesenta frenéticos minutos en los que se intenta resumir muchas horas de trabajo colectivo. Y si bien la presentación está colmada de glamour y efectos especiales, no representa ni el más pálido reflejo de lo que en realidad se vive detrás de las cámaras. Eso sí que es verdadero entretenimiento.

Para comenzar, intenten visualizar a los famosos egos de la televisión supervisados y dirigidos por la persona con el peor temperamento que he conocido en mi vida. Sé que no parece el sistema más eficaz, pero, si algo he de reconocer, es que esa mezcla que podría haber salido de una película de terror es, tal vez, la fórmula del éxito del programa.

Primer Impacto es una prolija tormenta intelectual diseñada por María López, una mujer bajita, rubia, de ojos azules, que a primera vista parece más inofensiva que un perrito recién salido del vientre de su madre. ¡Ah!, pero no la hagas enojar o le dirijas la palabra en un mal día porque, de pronto, crece más de un metro, sus vestiduras se rasgan, le salen pezuñas y sus manos suaves y finamente cuidadas vuelan hacia tu cuello (hablando de manera figurada, claro).

Ella fue la encargada de domar a las primeras estrellas del programa, Myrka Dellanos y María Celeste Arrarás. Sin su capacidad para manejarlas *Primer Impacto* se habría derrumbado en poco tiempo o, al menos, otra sería la historia, quién puede saberlo. Una vez que el *show* logró establecerse y consolidarse de la mano de ellas, el resto del camino fue mucho más fácil y los presentadores que las remplazaron heredaron el prestigio y la solidez de una máquina bien engrasada y respetada por millones de espectadores.

Admito que admiro profundamente la visión tan clara que María López tiene del programa. Esto se lo manifesté en varias oportunidades; por eso, en vez de criticar su estilo personal, con estas palabras sólo deseo demostrar que, si no fuera por ella, *Primer Impacto* jamás habría sido uno de los programas más vistos de la televisión en español en Estados Unidos.

No quiero menospreciar el talento o el esfuerzo de las demás personas que ayudaron a lograr tal propósito, es sólo que para sacarlo adelante se necesita alguien que le dé lógica al caos que significa poner al aire un programa en vivo. La única forma de lograrlo y mantenerlo durante tanto tiempo es tener en mente con toda nitidez el concepto rector y el camino a seguir.

En los demás empleados ella despertaba un respeto visceral que rayaba en el pánico, el firme deseo de mantener contenta a la jefecita o, al menos, no ganarse el *ticket* de ingreso a la sala de tortura: su oficina.

—Cierra la puerta —te decía antes de comenzar a hablar y de que en tu estómago se formara el primer nudo.

Cuando me ofrecieron el trabajo de corresponsal de Univisión en Miami, acepté sin dudarlo un segundo. Si bien había algunos inconvenientes —el sueldo no era ninguna maravilla y tenía que mudarme con toda mi familia de San Francisco, California, donde entonces residía—, la posibilidad de demostrar mi potencial era única y no pensaba desperdiciarla.

Así que, después de todos los trámites necesarios, un día entré al edificio de Univisión en Miami y me encontré en la majestuosa sala de noticias, llena de personas concentradas en la pantalla de sus computadoras. Los que me miraron lo hicieron porque era un bicho raro recién llegado, alguien a quien sólo habían visto por televisión (era corresponsal de *Noticias y Más*, el programa predecesor de *Primer Impacto*, desde hacía varios años).

A pesar de que sabía que daba un gran paso en el aspecto profesional, nunca vislumbré del todo que mi vida estaba a punto de cambiar por completo, que mi profesión llegaría a niveles insospechados, que crecería en sumo grado como persona. En otras palabras, que lograría ser quien soy hoy. Y por eso estoy agradecido.

Los primeros días me sentí por completo desubicado, sin saber qué hacer, mientras aprendía todos los aspectos administrativos del trabajo, conocía a la gente y sus funciones, y me enteraba de quién daba las órdenes y quién no.

La diferencia más grande que noté con respecto al humildito canal 14 de San Francisco —donde trabajábamos en un galpón— era que la cadena contaba con editores y escritores para hacer el *show*. Pero, en general, todo operaba de la misma manera; en esencia, la política imperante era: "Haz lo que puedas".

Recuerdo que en mi puesto anterior nuestro personal era tan limitado que yo debía editar mis propios reportajes y algunas veces hasta hacer cámara de estudio. En varias ocasiones tuve que entrar corriendo al estudio porque me había demorado hasta el último segundo editando mi nota y allí sustituía al director de noticias que, mientras tanto, controlaba la cámara.

Eso se llama hacer televisión con lo mínimo indispensable. Sin embargo, un día, para defenderse de mis críticas al respecto, uno de los ejecutivos del canal me dijo que algunos reporteros incluso salían solos a la calle y hacían cámara también. No cabe duda, cuando se puede caer más bajo hay que comenzar a reconocer lo bueno que tenemos y, como se dice por aquí, contar nuestras bendiciones.

Un importante tabú que se me dio a conocer al empezar mi nueva aventura fue que, por órdenes de la jefa mayor, en *Primer Impacto* estaba prohibido terminantemente decir en el aire la palabra *ocurrió*, o cualquier otra conjugación del verbo *ocurrir*. Había que buscar palabras alternativas, como *sucedió* o *suceder*, *pasó* o *pasar*. ¿La razón? Según ella, si pronunciábamos la palabra prohibida, le recordábamos a los televidentes que existía otro programa que competía con el nuestro, llamado *Ocurrió Así*, el cual era conducido por Enrique Gratas y transmitido por Telemundo a la misma hora.

La primera vez que dije la ominosa palabra —recuerdo que fue en un tiro en vivo desde la sala de satélites—, una enfurecida María López me llamó a su oficina para reclamármelo. No me quedó más remedio que decirle que intentaría evitarlo, aunque no es fácil, bajo la presión de una cámara en vivo, pensar en otras palabras cuando los sinónimos se te acaban. Volvió a escapárseme algunas veces y yo mismo me daba una palmada en la nuca. Pero, al fin y al cabo, el cerebro se acostumbra y los errores de ese tipo se vuelven menos frecuentes.

En mis primeras semanas en Miami casi no realicé reportajes. Primero se requería que me contagiara del ritmo y las costumbres del lugar para poder salir al aire y ser un miembro del equipo con todo lo que ello entrañaba. Poco a poco comencé a sentirme uno de ellos, a *pensar con impacto*. En verdad, me preparaba para los días que vendrían, para las vivencias más increíbles, aunque me tomó mucho tiempo darme cuenta de eso.

Para asegurar la buena marcha del programa se seguía una estrategia interesante. A diario una de las escritoras o productoras de *Primer Impacto* grababa *Ocurrió Así* —antes de que éste terminara al mudarse Enrique Gratas a Univisión para conducir *Última Hora*— y, posteriormente, *Al Rojo Vivo* —cuando María Celeste llegó a Telemundo tras renunciar a Univisión—. Las grabaciones se hacían, en un televisor con videocasetera incorporada, en cintas de vhs que a la semana siguiente se reciclaban.

Al mismo tiempo que *Primer Impacto* salía al aire, la persona encargada de la grabación ingresaba al sistema cada uno de los reportajes que salían en el programa de Telemundo. Si en cierto momento algo llamaba su atención —por ejemplo, si ellos sacaban una noticia que nosotros no hubiéramos cubierto ese día y que parecía importante—, le avisaba a alguna de las jefas al respecto.

En más de una ocasión esto causó gran revuelo; los teléfonos sonaban con frenesí y alguien en algún lado recibía una reprimenda por no haber incorporado determinada noticia al *show*.

A veces eran los encargados de la mesa de asignaciones el blanco de la furia de María López, quien de inmediato colocaba bajo enorme presión a un escritor, productor o editor al exigirle que esa nota se mencionara en *Primer Impacto*, aunque fuera en el segundo o en el tercer bloque (en los que por lo regular no se incluían noticias, sino reportajes largos o alguna nota de color).

Esto hasta cierto punto me intrigaba porque en Univisión siempre se sostuvo la filosofía de que Telemundo no era competencia, que sus integrantes eran los mediocres que nunca lograrían hacerles mella, que no les llegaban ni a los talones. Creo que lo anterior demuestra que esa indiferencia altanera no era tan genuina como afirmaban.

Recuerdo, como si fuera hoy, mi primera gran cobertura de noticias. El escenario: Oklahoma City, donde una bomba explotó frente al edificio federal Alfred Murray. Corría el año de 1995. Fue el 19 de abril, el mismísimo día de mi cumpleaños. La "fiestita" con amigos que planeaba hacer en casa esa noche se canceló de inmediato y, un tanto asustado, un tanto ansioso, fui trasladado, junto con el camarógrafo, al aeropuerto por mi jefa María López en su automóvil personal.

Ése fue mi primer regalo de cumpleaños de *impacto* y uno que cambiaría mi visión del periodismo y de Univisión para siempre.

En esa ocasión me di cuenta de varias cosas: del alcance de la cadena en todo el país —¿quién podría imaginar que me reconocerían, como sucedió, en un lugar tan aislado del resto de la civilización hispana?—; de la magnitud que adquieren las coberturas de eventos tan importantes como ése para los medios estadounidenses, y de que, sin importar cuán bueno sea tu trabajo, tus jefes nunca te lo mencionarán. ¿Elogios? ¡Jamás!

A mi regreso a Miami, luego de trabajar sin descanso durante más de una semana, muchas veces dieciocho horas al día, con sinceridad pensé que me recibirían con fanfarrias. No exagero, algo así esperaba al entrar a la sala de noticias. Creí, tontamente, que todos habían percibido mi esfuerzo. Me equivoqué. No escuché un solo comentario de felicitación y mis jefes me trataron como si fuera un día cualquiera. Tuve que preguntar qué les había parecido nuestra cobertura para encontrar algún tipo de consuelo para esa desilusión que me carcomía por dentro. Como sacudido por un balde de agua fría, comprendí que no recibiría reconocimiento. Y ésa fue la constante mientras estuve en Univisión.

Angustiado, me cuestionaba acerca de la calidad de mi trabajo. ¿Acaso ese silencio significaba que había fracasado, pero tenían temor o pena de decírmelo? Después de todo, ésta fue mi primera cobertura de noticias importante, mi "prueba de fuego", y siempre es lindo que alguien te ayude a derrotar tus propios fantasmas y te infunda confianza en lo que haces.

Con el paso del tiempo me percaté de algunas de las sentencias de la cultura empresarial: "Si no te dicen nada es porque has hecho un buen trabajo; de no ser así, ¡seguro los escucharás!"; "Para eso estás en la posición en la que estás y eso es lo que esperamos de ti"; o bien: "Si tu trabajo no fuera excelente, no serías reportero de *Primer Impacto*".

Esta última frase es una de las más falsas que he escuchado porque quienes han visto el programa todos estos años saben que por él pasaron reporteros que ni siquiera estaban preparados para ser malos en una estación pequeña, mucho menos para salir al aire en una cadena nacional e internacional como Univisión. Aunque pienso que esto se relaciona con los costos, también demuestra que algunas cosas que me decían eran una forma de ocultar que lo único que les importaba a los de arriba era quedar bien con los de más arriba, no con nosotros.

La motivación y el buen trato personal nunca fueron los puntos fuertes de quienes dirigen los destinos del departamento de noticias de la cadena y esta actitud también se observa en los más altos niveles del poder. Si no eres presentador o talento —como se les llama a aquellos que salen en cámara en el estudio, no a los reporteros—, no tienes derecho a nada. No promocionan tu imagen o tu nombre en absoluto —con raras excepciones, como en Navidad, por ejemplo—, casi no intervienes en las decisiones que se toman y, en esencia, eres un títere movido por hilos. "Vete para allá, quédate hasta más tarde, trabaja dos días sin parar, busca esto, haz reportajes imposibles, ve a arriesgar tu vida a lugares remotos", esas cosas sí te las dicen. ¿Pero pronunciar la anhelada frase "Buen trabajo", alentarte, darte recompensas, aunque sea una simple palmada en la espalda, por la tarea cumplida? Nunca.

Los únicos reconocimientos importantes que recibí de Univisión fueron regalos del dueño de la cadena, Jerry Perenchio, por haber ganado en dos oportunidades el premio Edward Murrow a la excelencia en periodismo. Se me entregaron mil dólares por cada premio (gracias, don Jerry). De no ser por esto, lo que se nos daba eran chaquetas o bolsos de Univisión y sólo para las fiestas de fin de año. Jamás hubo otro tipo de incentivo que nos hiciera sentir importantes: una carta de felicitación, una pequeña mención en un discurso frente a tus compañeros, un bono al acabar el año.

¿Será que el ego de los de arriba es más pesado que el de los de abajo? ¿O se trata de una táctica corporativa para que nadie se sienta capaz de aspirar a ser como ellos? Ésa es la estrategia que usan muchos gobiernos en países subdesarrollados para controlar al pueblo: que los ciudadanos no estén ni muy contentos ni muy frustrados, de modo que se mantenga la calma mientras sólo les dejan ver o saber lo que a ellos les parece apropiado.

Según las malas lenguas, la razón de tal política corporativa era evitar que nos agrandáramos y nos atreviéramos a pedir aumento de sueldo. En lo personal, creo que su objetivo siempre fue que no nos sintiéramos indispensables o importantes; así podrían prescindir de nuestros servicios a su antojo.

Otra gran falla en el departamento de noticias de Univisión es la falta de espontaneidad y el excesivo cuidado de las finanzas cuando hay que tomar decisiones sobre coberturas importantes. Muchas veces noté que primero pensaban en cómo ahorrar dinero y no en qué manera le entregarían a la audiencia el mejor producto posible.

Veamos un ejemplo. Durante la guerra pasada en Iraq, mientras las cadenas en inglés ejercían el verdadero periodismo en medio de las balas y los explosivos en la zona de combate, en Univisión el departamento de gráficos y los productores estudiaban la forma de crear una mesa donde mostrar el mapa de Iraq y unos cartelitos de papel que serían los ejércitos. ¿La razón de esta decisión? El costo. Ni siquiera fue por proteger la vida de los reporteros que irían a la zona de conflicto. Simplemente era el dinero. Los primeros en llegar a Iraq fueron Víctor Hugo Saavedra, reportero del noticiero nacional, y María Elena Salinas, una de las presentadoras, junto con Jorge Ramos, del *Noticiero Univisión*. Pero eso fue varios meses después de que el presidente Bush declarara el final oficial de la guerra. *Primer Impacto* nunca fue.

¿Había historias de interés? Millones. ¿El tema no atraía a la audiencia porque no vivían hispanos en Iraq? Mentira, porque durante varios meses de 2003 la cobertura de Univisión se concentró casi exclusivamente en el conflicto bélico, tanto que siempre debía haber algún talento disponible para salir al aire en cualquier momento del día o la noche por si algo pasaba en esa zona. Es importante recordar que en el ejército de Estados Unidos había miles de soldados hispanos, originarios de varios países latinoamericanos, y que también España mandó tropas a la zona del conflicto. Es decir, reportajes había y muchísimos.

Otro ejemplo que deseo analizar se sitúa en Madrid, el 11 de marzo de 2004. Explosivos matan a casi doscientas personas en varios trenes urbanos. Una noticia enorme, inmensa, que ofrecía historias a granel, todas en español, en la Madre Patria de los hispanos de Estados Unidos y América Latina. La primera vez que el terrorismo islámico (supuestamente) atacaba la tierra de nuestros abuelos. ¿Qué hizo Univisión? Utilizó a un periodista que apenas podía hablar frente a una cámara, que no conocía el formato o el estilo de la cadena. Es comprensible que, cuando surge una emergencia, se saque al aire a quien podamos, con tal de tener algo. Pero luego vino lo peor. ¡No enviaron a uno solo de nosotros! Allí estaba todo disponible para realizar una cobertura excepcional y demostrar cuán maravillosos eran los periodistas del equipo de Univisión, siempre listos para lucirse en una ocasión como ésta.

Pero no, resultaba muy caro, era preferible ahorrar dinero para la boda del príncipe Felipe de Borbón o por si a Gloria Trevi se le ocurría hacer alguna travesura que provocara un programa especial de una hora en horario estelar. Claro, había otras prioridades. Ciento noventa y dos muertos y la violencia terrorista que todavía tiene al mundo con los pelos de punta no ameritaban mandar, al menos, a dos personas: un reportero y un camarógrafo, para contar la historia con nuestro estilo y credibilidad.

¿Un ejemplo más? Durante los últimos días de vida del Papa Juan Pablo II, los ojos del mundo estaban concentrados en el Vaticano. Todos los medios de comunicación cubrían la noticia con gran energía y recursos extraordinarios. ¿Cuál fue la reacción del departamento de noticias de Univisión? Contactó a un reportero que no trabajaba para la empresa y le pidió que, a la muerte del Papa, estuviera listo para iniciar la cobertura. Mientras tanto, nosotros permanecimos en Miami sin hacer nada, sin estar donde debíamos.

Cuando el Sumo Pontífice falleció se armó la gran debacle. La locura se adueñó de los productores, algo normal en un acontecimiento como éste. Pero ahí salieron a relucir la falta de preparación y la filosofía imperante de hacer lo máximo con el menor gasto posible, aunque se corra el riesgo fatal de que no salga bien. A sabiendas de que la credibilidad de una cadena internacional la crean quienes dan la cara, salen y se arriesgan por llevar la noticia, en el Vaticano, en uno de los acontecimientos más importantes de la historia del mundo moderno, Univisión cometía el mayor pecado periodístico y el insulto más grande para sus reporteros: utilizar a un completo extraño que ni siquiera era conocido en otros medios para dar a conocer la noticia que conmocionó al mundo.

Sin embargo, esta vez les sonrió la suerte: Carmen Dominicci y Fernando del Rincón, novios y también presentadores del *show* en ese entonces, se encontraban en Roma. Él me contó después que no fueron con intenciones de trabajar, todo lo contrario: eran sus primeras vacaciones juntos en mucho tiempo, algo que ambos necesitaban. Sin embargo, por desgracia, el Papa murió durante su estadía y, como era de esperarse, el teléfono empezó a sonar.

La mesa de asignaciones, bajo instrucciones directas de María López, les exigía que interrumpieran sus planes y cubrieran la noticia para *Primer Impacto*. De acuerdo con Fernando, al principio se resistió a atender el teléfono porque sabía quién era y qué quería. Hasta que por fin se comunicaron con ellos. Del otro lado, una enfurecida jefa reclamaba con toda la fuerza de sus pulmones por qué estos dos enamorados que estaban prácticamente en su luna de miel se negaban a abandonar su merecido descanso para introducirse en la peor maratón periodística que alguien pueda imaginar. Las horas de diferencia les obligarían a trabajar hasta la madrugada italiana. Se acabarían la tranquilidad, la diversión, los planes. Había que trabajar. Era una orden. A la empresa no le importaba que ésta fuera la primera vez desde que ambos comenzaron a trabajar en Univisión que lograban viajar juntos por placer.

Después de mucha insistencia y peleas —y de hacer algunos pactos—, Fernando y Carmen aceptaron, a regañadientes, la tarea.

Pero si la cobertura de cualquiera de estos hechos hubiese sido "barata", se habría asemejado mucho a la que le dimos al caso de Elián González. ¿Lo recuerdan? La odisea del pequeño balserito que fue el centro de una enorme controversia entre el gobierno de Estados Unidos y el exilio cubano en Miami tuvo su escenario central a quince minutos en automóvil de las oficinas de Univisión. En consecuencia, y tomando en cuenta la diferencia entre el precio de la gasolina y la de un pasaje de avión, hospedaje, alimentación, etc., Univisión dedicó una cantidad exagerada de tiempo y personal a cubrir un suceso que le interesaba sobre todo a la comunidad anticastrista de Miami, no a muchos más. ¿Por qué lo hicieron? Era una forma barata de llenar los noticieros. Todo el personal involucrado dormía en su casa y comía lo de todos los días, y la cadena no necesitaba pagar mucho por gastos extraordinarios (excepto el tiempo que trabajaran de más los miembros del equipo técnico; nosotros, los reporteros, no cobrábamos horas extra, nos daban a cambio tiempo libre o "compensatorio" en el futuro).

Lo cierto es que esa cobertura, la cual duró semanas y semanas, fue una de las más completas que se realizó en los quince años que trabajé para la empresa. Pero si esto mismo hubiese pasado en Tampa (a dos horas de Miami) o en Orlando (a cuatro horas de distancia), el cuento hubiera sido muy distinto. ¿Por qué? ¿La noticia dejaba de ser importante? ¿No valía la pena asignar a veinte personas a cubrirla? No, más bien, todo se vinculaba con el dinero. Si es barato, lo cubrimos; si es caro, que la gente se quede con las ganas de saber toda la verdad.

Por lo visto, todo tiene precio, hasta el derecho de una comunidad a estar bien informada.

¿Dónde están las productoras?

La cobertura del huracán Katrina, uno de los desastres naturales más grandes de la historia de Estados Unidos, que fue mi último trabajo para Univisión, es otro ejemplo de lo antes mencionado. Pero aquí se agrega un elemento.

La cadena envió a seis personas a cubrir la enorme tormenta que, con furia, se aproximaba a la vulnerable costa de Louisiana, en el Golfo de México: dos reporteros, Lourdes del Río y yo; dos camarógrafos, Tony Álvarez y Herman Ulloa, y dos productoras, Ivanna Jijena y María Henao. Entre los cuatro primeros acumulábamos cientos de horas de informar sobre poderosos vientos en distintos lugares del país. Las dos últimas jamás habían salido a trabajar como productoras de campo.

Pero la empresa no sólo nos mandó a cubrir una historia potencialmente enorme y catastrófica con dos personas sin experiencia, sino que además nos abandonó por completo a nuestra suerte sin apoyo logístico o humano de ningún tipo. Tras la tormenta, que casi derrumba nuestro hotel con nosotros adentro, el personal de CNN que se hospedaba en el mismo lugar comenzó a recibir toneladas de comida, bebida, gasolina y otros recursos necesarios para sobrevivir. ¿Creen ustedes que es posible cumplir con una tarea, de por sí ardua, y trabajar en las historias de todos los días, sin apoyo alguno, con productoras inexpertas que deberían haberse encargado de procurar esas provisiones en un lugar sin luz ni combustible?

Lo lógico hubiera sido que, tan pronto amainó la tormenta, Univisión nos hubiese enviado, por carretera, desde Miami o algún punto más cercano, todo lo necesario para realizar el trabajo fundamental, o sea, mantenernos concentrados en la tragedia y preocuparnos sólo por dar las noticias. Pero no, nunca lo hicieron y nos vimos obligados a mendigar comida y gasolina. Por suerte, las voluptuosas curvas de una de las productoras abrió ojos y puertas y nos permitió acceder a comida, un hotel que luego tuvo electricidad y ciertos beneficios más. Pero los jefes de Miami sólo exigían que hiciéramos un buen trabajo, sin importar en qué forma nos las ingeniáramos. Como de costumbre, hubo muchas críticas y muy pocos elogios. Pero que ninguno de nosotros se atreviera a ventilar la frustración de sentirnos solos y abandonados. Eso era inaceptable.

Al decir mendigar no exageré. Después de racionar todo lo posible el combustible que con generosidad nos proporcionaran los colegas de CNN, llegamos a un punto en el que no podíamos seguir por estar vacío nuestro tanque. La sugerencia transmitida desde Miami fue que enviáramos un audio y ellos lo acompañarían con imágenes que entraban por los satélites. Como profesional, sentí que eso era un insulto. ¿Por qué haríamos algo así? No, más bien debíamos buscar un milagro por respeto a los cientos de hispanos que perdieron todo en el huracán y los millones que, en sus casas, esperaban ver, a las cinco de la tarde, un reportaje que tomara en cuenta su inteligencia y les informara adecuadamente.

Pues bien, Ivanna tuvo que rogarle casi de rodillas a un directivo de una de las compañías de telefonía celular, cuyos empleados reparaban las torres, que nos diera cinco galones de combustible. Lo logró y pudimos realizar un reportaje del que ella, el camarógrafo y yo nos sentimos en verdad orgullosos: el drama de los hispanos que ya no tenían casa, comida ni agua para sus hijos. Si hubiéramos aceptado la mediocre sugerencia de nuestros jefes, la audiencia habría obtenido una visión genérica de la situación y los verdaderos protagonistas del drama hubiesen quedado en el olvido.

La moraleja es que la cadena más importante de habla hispana en Estados Unidos, valorada en varios miles de millones de dólares, no sólo no prepara a sus empleados para situaciones predecibles como éstas, sino que los abandona a su suerte cuando más apoyo necesitan. En Univisión hay una alta rotación de empleados por malas condiciones de trabajo, bajos salarios y la enorme presión provocada por la falta de liderazgo de quienes dan las órdenes. Debido a ello los productores nunca permanecen en su trabajo el tiempo suficiente como para que los capaciten para tareas tan importantes como las coberturas de sucesos extraordinarios. En los años que trabajé para la cadena no recuerdo que se haya asignado a una productora o productor experimentada(o) para viajar a cubrir noticias de gran magnitud.

Un ejemplo que refuerza la idea tuvo lugar durante la cobertura del ataque a las torres gemelas en Nueva York. Debido a la falta de vuelos comerciales tuvimos que manejar de Miami a Manhattan en un automóvil de la compañía. ¿A quién mandaron como productora? Sí, adivinaron, a una muchacha que jamás había salido de las oficinas de Univisión ni siquiera para producir un "en vivo" desde la esquina.

Y, por supuesto, la situación fue caótica. La chica en cuestión no aceptaba consejos ni sugerencias. No entendía que nosotros teníamos a cuestas cientos de horas de coberturas similares y que lo mejor que podía hacer era aprovechar nuestra experiencia. El resultado fue que, en los diez días que estuvimos en la Gran Manzana, no propuso ninguna de las historias que salieron al aire y, además, fue un estorbo constante porque se dedicó a quejarse del cansancio, el frío y la supuesta ineficiencia de todo el mundo. Un día me llamó por teléfono a la hora de salir para la "Zona Cero"; como a mí me dolía mucho la espalda y, sin poder moverme, aguardaba que pasara el dolor, no me era posible ir en ese momento. Pues ¿qué creen que hizo? Se marchó y me dejó a pie.

La moraleja del asunto fue que ese día, cuando por fin terminé mi reportaje, la encontré sentada fuera del lugar donde se entraba a la zona del desastre. Le pregunté qué hacía ahí y me contestó que toda la mañana esperó que la dejaran entrar. Era la una de la tarde y yo, habiendo terminado en su totalidad mi reportaje sobre la apertura de Wall Street, estaba listo para editar. Ella no había hecho una sola cosa. Ésa es la diferencia entre saber y no saber.

Una anécdota irónica, aunque un tanto simpática, respecto de la inexperiencia en la producción se suscitó durante la cobertura del huracán Opal cerca de la ciudad de Pensacola en 1995. La productora era Arly Alfaro, quien entonces trabajaba en la mesa de asignaciones de *Primer Impacto* y luego llegó a ser presentadora de algunos noticieros y reportera. Faltaban unos minutos para salir al aire en vivo en el *Noticiero Univisión* cuando me percaté de que Arly brillaba por su ausencia. Le pregunté a Jorge Álvarez, mi camarógrafo, si la había visto y contestó que no. Desconecté los cables de audio fijos a todo mi cuerpo y fui a buscarla. ¿Saben dónde la encontré? En nuestro automóvil, hablando por celular con alguien, y al inquirir qué hacía allí, respondió muy tranquila: "Hace mucho calor".

Creo que alguien debió haberle explicado que el trabajo de una productora es asegurarse de que todo, incluidas las presentaciones en vivo —o, mejor dicho, en especial estas presentaciones—, salga perfecto, porque un error grave en ese momento puede arruinar todo un programa. Además, en caso de que se cayera la comunicación con los presentadores en Miami, ella era responsable de avisarme cuándo hablar y cuándo callarme. Pero no, imagínense, ¡hacía mucho calor!

Dos de las fotografías incluidas en este libro son evidencia clara de lo que les conté antes: en una de ellas estoy con Neida Sandoval cubriendo el paso de un huracán por la ciudad de Wilmington, en la costa de Carolina del Norte. En otra aparecemos sentados frente a un montón de equipos de televisión colocados en el piso detrás de una gasolinera. Ésa era nuestra sala de edición. Pedimos prestada electricidad a cambio de una propina y nos permitieron sentarnos allí a editar nuestros dos reportajes, el de Neida para el *Noticiero Univisión* y el mío, para *Primer Impacto*.

¿Qué es lo que falta en la fotografía? ¿Adivinaron? En primer lugar, un camión de exteriores, algo con lo que contaban todos los demás canales, aun los locales. Nadie necesitó, como nosotros, pedir que por favor nos regalaran energía eléctrica y nos prestaran un lugar donde instalar nuestros equipos. Y no hablamos de dos corresponsales cualquiera; éramos los enviados, los representantes, de la cadena más importante de habla hispana de Estados Unidos. Poco después, Neida fue seleccionada para presentar las noticias en *Despierta América*. ¿Qué es lo segundo que falta? Una productora. Ni siquiera teníamos, como muchas veces sucedía, una para los dos; alguien que se ocupara justo de esas cosas: encontrar un lugar donde mendigar electricidad, o un refugio temporal, o un poco de agua, o algo para comer. Acaso se pregunten por qué no podemos hacer eso nosotros solos y la respuesta es muy sencilla: en este negocio las cosas suceden en cualquier momento y muy rápido, por lo que es indispensable estar preparados para informar de ellas.

Si no hay alguien que preste atención, no hay noticia.

2. Dos mujeres, dos caminos: la relación entre María Celeste y Myrka

Es uno de los secretos mejores guardados de la historia de la televisión. Frente a las cámaras siempre aparecieron sonrientes y muy ocupadas en sus tareas profesionales, pero la realidad que se vivía el resto del día era muy diferente.

Yo fui uno de los pocos que pasó mucho tiempo sentado a pocos metros de las dos y vi muchas cosas que aquí les contaré.

La cámara retrataba a la pareja perfecta. Las revistas de la farándula las adoraban, los televidentes quedaban prendidos a la pantalla mirando y escuchando a estas dos bellezas latinas hablar con la misma naturalidad y gracia de asesinatos e injusticias que de videos musicales o de vacas con dos cabezas.

No cabe duda de que ellas fueron las artífices del éxito de *Primer Impacto*, las que pusieron al programa en el mapa y lo hicieron enormemente popular. Gracias a ellas hoy puede tener cualquier conductor sin perder audiencia. También establecieron un precedente de excelencia que pocos podrán imitar.

Eso era lo que se veía en la pantalla, pero algo distinto sucedía todos los días antes de las cinco de la tarde.

Oculta detrás de sus sonrisas y comentarios cliché se libraba una guerra que pocos imaginaban. A medida que pasaban los años y la fama se les subía a la cabeza, se hacía más evidente la rivalidad entre estas dos divas.

Y es que son dos personas muy distintas, dos estilos diferentes. Por un lado, María Celeste, la periodista profesional, la reportera, la presentadora de noticias con muchos años de cruzar fronteras, de ensuciarse los zapatos en tierras remotas y sufrir todo tipo de inclemencias. Por otro lado, la modelo, la reina de belleza, acostumbrada al aire acondicionado, al *spray* en el cabello y a las cremas humectantes.

Esa amistad que ambas han defendido durante muchos años en los medios de comunicación era, más bien, ficticia. Rara vez se las vio juntas en eventos sociales, como fiestas de cumpleaños o celebraciones de otro tipo. Si una decía que iría a una reunión social, la otra por lo común no aparecía.

Yo estuve en los cumpleaños de Julián, el hijo mayor de María Celeste, y Myrka nunca asistió. En otras fiestas de compañeros de trabajo jamás las vi juntas. Cuando nos reuníamos por cualquier motivo, siempre una estaba ausente. No lo decían de manera abierta, pero, para mí, resulta obvio que se evitaban.

En la sala de redacción sus conversaciones se limitaban a lo estrictamente profesional. Sí recuerdo haber escuchado comentarios mutuos acerca de la ropa que vestían, pero eso puede considerarse una charla natural entre mujeres. En varias ocasiones surgieron roces o momentos incómodos porque ambas habían elegido un atuendo del mismo color, lo cual se vería algo raro en el aire. El dilema en ese momento era decidir cuál de los dos egos se cambiaría o, dicho en otras palabras, aceptaría la derrota.

La competencia entre ambas era notoria, difícil de ocultar.

Más de una vez vi a María Celeste entrar a la oficina de nuestra jefa para reclamarle que Myrka leía más tiempo que ella en el aire. Las noticias del primer bloque de *Primer Impacto* se dividen en dos partes: los reportajes o paquetes (traducción de *packages*, en inglés) y los VO (videos con locución encima, del inglés *video over*). Estos últimos son textos con video de unos veinte segundos cuya lectura se alternaba entre las dos conductoras.

Nunca vi que Myrka planteara una reclamación de este tipo, pero supe que también lo hacía, aunque en forma más sutil, con mensajes por el comunicador interno de la computadora o por teléfono.

¡Pobre de la productora que se atreviera a no dividir en forma equitativa —la mitad para cada una— los VO! Tendría que atenerse a las poco agradables consecuencias. Si ese día la cantidad de VO era impar, nadie se quejaba, pero tanto María Celeste como Myrka poseían una memoria matemática muy meticulosa y, si en el programa siguiente ocurría lo mismo, ardía Troya.

De pronto, María Celeste decidió que era necesario para ella conseguir una oficina privada porque sus escritorios estaban situados en medio de la sala de noticias. Para lograrlo comenzó a establecer un contacto inusual con Myrka; se las vio más "amigas" que nunca. El plan rindió frutos. Cuando modificaron las instalaciones del departamento de noticias de Univisión, a cada una se le asignó una oficina diferente.

En realidad, ya no querían ni verse la cara, de no ser por lo necesario: una hora al día, cuando se sentaban sonrientes frente a las cámaras a protagonizar la parodia del dúo más exitoso de la tarde entre los latinos de Estados Unidos.

A Myrka le dejé varios mensajes en su celular, con miras a entrevistarla para este libro, pero nunca me contestó.

Por su parte, María Celeste se sentó a hablar conmigo un día y negó todo lo que he afirmado. Insiste en que su relación con su "amiga" fue siempre cordial. No obstante, a mí me consta lo dicho, estuve allí, todos los días (excepto cuando viajaba) y fui testigo de esa rivalidad.

Es lógico que lo nieguen; nadie boicotea su propia carrera. Hubiese sido muy difícil permanecer tantos años en un programa de enorme éxito sin ser consciente de la necesidad de sacrificarse para llevarse bien con la compañera de conducción. Además, no sólo nadie se quejaba de ellas como pareja televisiva, sino que les llovían elogios, buenos salarios, fama y reconocimiento.

—Había logrado gran armonía con Myrka —me dijo María Celeste.

Desde luego, eso es lo que podía esperarse de ella. Antes que nada, Mary es una profesional en toda la extensión de la palabra, una mujer apasionada por lo que hace y a quien nadie detiene cuando se fija una meta.

Piernas, cirugías y otras vanidades

Creo que a estas alturas ya todos los televidentes lo saben: una luz estratégicamente ubicada mostraba en plenitud las piernas de las chicas. No se daban órdenes explícitas de que usaran siempre falda corta, pero era evidente que si iluminaban esa zona, la intención no era destacar los lindos pantalones que hubieran elegido vestir.

Me imagino que en algún estudio se determinó que mostrar piel allí abajo atraía más audiencia. Eso siempre me pareció un tanto extraño porque, según tengo entendido —y lo he comprobado por la gente que me reconoce en la calle—, en su mayoría los televidentes del segmento de cinco a seis de la tarde son mujeres, amas de casa de treinta a cuarenta y cinco años de edad, que todo el día sintonizan el televisor en el canal hispano de su preferencia para escuchar un idioma familiar y sentirse cerca de su hogar.

No sé, tal vez era una estrategia destinada a atraer al otro público, el masculino. Cuando me topaba con hombres en la calle, éstos mandaban muchos saludos para las dos conductoras, sobre todo para Myrka, quien, de acuerdo con los comentarios que escuché mientras trabajé para Univisión, gozaba de la preferencia del público en lo que respecta a *sex appeal*.

La transformación de María Celeste

La primera vez que nuestros caminos se cruzaron yo trabajaba como reportero en el canal 14 de San Francisco, California. Me parece que corría el año de 1992 y María Celeste era entonces corresponsal del *Noticiero Univisión* en Los Ángeles. En esa ocasión pasó como un tornado por nuestra sala de redacción, dando muestras de que el tiempo apremiaba, algo normal en el trabajo que desempeñamos.

El detalle que se quedó más grabado en mi memoria es que ese día María Celeste llevaba el cabello corto, con un estilo de "casco alemán". Su vestimenta era característica de los periodistas: cómoda, hasta podría decirse que masculina, siempre preparada para la aventura.

Por eso, al mirarla otra vez un buen día en la sala de redacción de *Primer Impacto*, con sus nuevos senos, su atuendo sexy y adecuado para soportar una luz que apuntaba a sus rodillas durante sesenta minutos, mucho maquillaje y un peinado hollywoodense, me pregunté dónde quedó esa mujer que caminó entre nosotros durante ocho segundos aquel día en San Francisco. La respuesta me vino a la mente enseguida: se había transformado en una estrella.

Siempre consideré a María Celeste como una excelente periodista, se lo he dicho a la cara y lo grito al mundo. No critico su progreso; a quienes pretendan catalogarme de envidioso, les confieso que están en lo correcto, ¡siempre quise ganar su sueldo! Y claro, era un sueldo muy merecido, porque como María Celeste no habrá ninguna, sin duda. Es difícil encontrar todas sus cualidades en una sola mujer: profesionalismo, credibilidad, belleza, facilidad de palabra y carisma.

Ahora bien, cuando se trata de Myrka Dellanos, todo lo que me planteo es una gran interrogante. No conozco bien el camino que recorrió en su ascenso a la fama. Según los rumores, se le contrató porque Univisión necesitaba una cara bonita que pudiera leer un *teleprompter* (la pantalla colocada frente a la lente de la cámara, por la que pasa el texto).

El mismo criterio se ha utilizado con el pasar de los años en la cadena hispana más popular de Estados Unidos. Las chicas que aparecen en la pantalla no han sido otra cosa que "lectoras de *teleprompter*". Quizá porque piensan que la belleza genera credibilidad, la norma es contratar a presentadoras de este tipo, pagarles sumas altísimas de dinero y sentarse a esperar las cifras de los *ratings*. Sin embargo, como ya mencioné, está comprobado que, sin importar a quién pongan delante de las cámaras en *Primer Impacto*, el *rating* será el mismo. El programa es una costumbre establecida para las cinco de la tarde, un rito que se sustenta en el contenido de sus reportajes y no en la cara de quien los lee. Con decirles que la gente casi no presta atención a quiénes son los reporteros. Una gran mayoría dice que tu cara "le parece conocida", pero sólo veinte por ciento recuerda cómo te llamas.

La carrera de Myrka nació sin necesidad de que tuviera un gran carisma o una base profesional adecuada. Ella es el mejor ejemplo de una presentadora que se benefició en gran medida de una alta exposición de su imagen y la muy fuerte presencia de una verdadera "maestra" de la televisión llamada María Celeste Arrarás.

Myrka y yo nunca mantuvimos amistad y casi no hablábamos, excepto sobre lo concerniente al trabajo: algunas veces me solicitaba información sobre los reportajes míos cuya introducción leería. Pero siempre me causó la misma impresión (compartida con muchos): una cara bonita, con piernas sexys, que podía leer la pantalla que muestra el texto.

Eso sí, que nunca sucediera la catástrofe de que el *teleprompter* no funcionara o se apagara o que Myrka tuviera que improvisar, porque ahí sí que comenzaba la verdadera debacle.

Quizá por haberse acostumbrado a confiar en que cualquier palabra que saliera de su boca estaba escrita frente a ella, el caso es que entonces todo cambiaba. Comenzaban las miradas nerviosas y los interminables "eeeeeee", esa secuencia de vocales que se usa mucho en la televisión de habla hispana para decir: "Necesito tiempo para pensar en qué carajos voy a decir".

En cambio, María Celeste, con su entrenamiento periodístico, siempre salía airosa de esas situaciones y por lo general era quien tomaba las riendas del incómodo trance.

No me malinterpreten, Myrka se veía bien, muy bien, en cámara, leyendo su cantidad calculada de VO y caminando por el *set* en las presentaciones de reportajes destinadas para que las conductoras mostraran su cuerpo (otro ejemplo de la filosofía de Univisión de que el sexo vende más) y que permitían apreciar por completo el modelito que lucían esa tarde.

Con lo que no estoy de acuerdo es en que se prefieran la belleza y el *sex appeal* al profesionalismo periodístico, porque en los momentos de crisis, cuando surgen noticias de último momento, ésas de las que todo el mundo quiere enterarse, una presentadora que dice *eeeeeee* nos hace quedar mal a todos. No sé lo que piense el público en general, pero yo prefiero a una profesional sólida y confiable que me diga las noticias y sepa analizarlas de ser necesario.

Ésa es mi opinión tras dieciocho años en el periodismo, pero parece ser que los directivos de Univisión saben mucho más que yo.

Siliconas y maridos

Otro día, no mucho tiempo después de notarle las siliconas a María Celeste, en la misma sala de noticias vi algo raro en Myrka. No necesité pensarlo mucho para dar con qué era: siguiendo el camino de su "amiga inseparable en la pantalla", ella también había pasado por el cirujano plástico. Sus senos, que lucían más grandes, eran la señal inequívoca de esto.

Al igual que María Celeste, Myrka atravesaba por una etapa especial de su vida, lo cual no sólo podía apreciarse por las siliconas, sino también por los desencantos sufridos en su vida amorosa.

Recuerdo que la madre de Myrka me contó que, cuando ésta era pequeña, su mayor ilusión era casarse con un médico. Y lo cumplió: Alejandro Loynaz es el padre de Alexa, su única hija, nacida en 1993. Mientras estuvieron casados, la conductora utilizaba el apellido de su esposo y se presentaba como Myrka Dellanos Loynaz. La pareja se divorció en 1998. Según mi ex compañera, el fracaso del matrimonio se debió a que se había casado muy joven y cada uno evolucionó en direcciones distintas.

Luego llegaron la fama y el dinero... y sus prioridades cambiaron. Olvidado el fallido primer matrimonio y guiada por su ambición, emprendió la búsqueda de un esposo buen mozo y con mucho dinero. Y lo consiguió. Su nombre: David Matthews, un ejecutivo de Univisión a quien conoció en una fiesta de la empresa celebrada en Nueva York en 1998, y con quien se casó un año después.

Pero me imagino que la vida le demostró que los esposos no se diseñan sobre medida, sino que se encuentran y se aman como son. Por consiguiente, su segundo matrimonio también terminó. Según sus propias palabras, un día Matthews dijo que se iba de vacaciones y jamás regresó. Antes se había ausentado de su lado durante diez meses, con el argumento de que deseaba reflexionar acerca de la relación. Es posible que Myrka haya concluido que se apresuró al casarse tan pronto con alguien a quien apenas conocía. Tal vez ahora me dé la razón en cuanto a que uno se casa con seres humanos, no con sus sueños e ilusiones.

La pareja se divorció en 2002; estuvieron casados apenas tres años.

Tras una breve aventura —incomprensible para muchos— con un camarógrafo empleado de la cadena, divorciado y con dos hijas, Myrka por fin alcanzó la cima de su vida sentimental: al entrevistarlo en Madrid logró conquistar al increíblemente inalcanzable ídolo de multitudes, a quien cualquier mujer daría la vida por sólo tocar: Luis Miguel. ¿Qué habrá pasado por su mente cuando el niño de México le demostró su interés y la invitó a salir? ¿Acaso, incrédula, saltó de alegría? ¿Hasta dónde habrá soñado llegar con él? Eso nunca lo sabremos.

Entonces, como pueden imaginar, nuestra colega cambió para siempre. Llegaba a la empresa montada en una nube, absorta en su mundo aun más hermético que antes, sin hablar casi con nadie. El Mercedes Benz SL500 coupé rojo estacionado en la entrada de Univisión era un símbolo demasiado costoso como para olvidar que en esa sala de noticias se encontraba una persona diferente de las demás, que se sentía superior a todos. La novia de uno de los latinos más famosos del mundo no podía bajar al nivel de nosotros, los mortales, los mismos que la vimos llegar durante muchos años sin maquillaje y en ropa de calle (créanme, no la reconocerían si la vieran así).

Hasta cierto punto, era comprensible su modo de comportarse. Cuando alguien llega a ese nivel, tiene que demostrar que lo está asumiendo de manera apropiada; además, no sería de extrañar que ambos hubiesen establecido un pacto de silencio, en especial si sabemos lo reservado que siempre ha sido él con respecto a su vida privada.

Hoy Luis Miguel forma parte de su larga lista de fracasos sentimentales. No dudo que, si de Myrka hubiera dependido, se habrían casado. De no haber sido porque él no formalizó más la relación, Luismi sería hoy el firmante de su tercer divorcio.

El mejor consejo que puedo darle a mi ex compañera de trabajo es que la próxima vez que crea que el amor ha llegado a su vida, piense en sí misma y en su hija. Es fundamental estar convencido de que uno debe casarse sólo cuando piensa que ese amor durará toda la vida —aunque, claro, no hay garantía al respecto—, no porque es divertido o conveniente. Los maridos no se diseñan, Myrka, se aman más allá de su apariencia exterior o estatus social.

Las malas lenguas aseguran que Univisión aún le paga un salario muy alto para evitar que se vaya a Telemundo. Desde que dejó *Primer Impacto* ha realizado sólo dos especiales llamados *En Exclusiva con Myrka Dellanos*, en los que entrevistó a artistas famosos. Salieron al aire en noviembre de 2005 y, según dicen, fueron un éxito.

Pero, ¿por qué no hace otra cosa? Si el *rating* le sonríe y el público la adora, ¿por qué la cadena no la saca al aire, a pesar de haberle renovado el contrato?

Todo parece indicar que hay gato encerrado y, conociendo a los que toman decisiones en Univisión, dudo mucho que los dejen salir.

Ni a ella, ni al gato.

3. La partida de María Celeste

Mucho se especuló sobre la renuncia de María Celeste Arrarás a la conducción de *Primer Impacto*. Se comentó que, al terminar su contrato, ella pidió la renovación por mucho más dinero —se habló de un millón de dólares anuales— y que se le diera su propio programa, pero que Univisión le dijo que no.

Lo cierto es que no fue así.

María Celeste me contó que ni el dinero ni una participación más preponderante en la programación de la cadena hubiesen logrado que se quedara como conductora de uno de los programas más exitosos de la televisión en español de Estados Unidos.

El problema era mucho más grave, más profundo, más complicado de lo que podía soportar.

—Fueron muchos años —me confió con voz nostálgica, aunque ensayada. Ya había hablado del tema demasiadas veces y tal vez se sentía algo aburrida. Pero nunca antes lo discutió conmigo.

Cuando nos reunimos a conversar en la cafetería frente a los estudios de Telemundo en Hialeah, Florida, era la primera vez que nos veíamos en cuatro años. Ella se sorprendió al verme de pelo largo y mucho menos peso. Me dijo que parecía diez años más joven. Yo me sorprendí porque la noté muy cansada, aunque no ha envejecido un día desde aquel cuando salió casi corriendo de las oficinas de *Primer Impacto* para no volver jamás.

No es de sorprender si, en plena charla, la mirada de María Celeste se pierde en la nebulosa y parece que no prestara atención. Siempre lo ha hecho, es normal en ella. Por ser una mujer tan intensa y convencida de lo que hace, creo que ésa es su forma de escapar durante unos instantes del mundo y viajar a algún lugar en el que se siente cómoda y feliz. Tal vez a Puerto Rico, donde transcurrió su infancia, tal vez con sus hijos. Quizá cree algún elemento para su *show* o analice ideas que ella misma aprueba y desaprueba, promueve o guarda en el arcón de las posibilidades.

Pero cuando habla imprime a su voz la pasión de una oradora fenomenal, una energía única y creíble, el tono de los líderes. Y siempre escucha, aunque no lo parezca.

—Myrka y yo habíamos logrado un equilibrio, no necesitaba tener mi propio programa, ésa no fue la razon —me explicó.

Fue, más que nada, una lucha de poder que involucraba respeto, profesionalismo, censura y manipulación.

Me confesó que durante todo un año, antes de su renuncia en 2002, no se sentía cómoda al ir a trabajar cada mañana; había perdido la alegría de hacer lo que más le gusta: ser periodista, comunicarse con la gente.

—No me importa lo que me paguen, sino ser feliz ocho horas al día —expresó.

Y las razones de su partida fueron muchas. ¿La principal? Que, a pesar de haber trabajado dieciocho años para Univisión, sentía que su opinión acerca de las historias que salían al aire tenía muy poca validez; no se respetaba su experiencia profesional. Lo peor de todo —y lo más frustrante, según ella— eran las incesantes discusiones con productoras jovencitas recién egresadas de la universidad que, sin experiencia alguna en televisión, siempre querían tener la razón. Y como sentían tanto miedo —pánico, para ser exactos— a la furia de María López y a perder su empleo, preferían ser conservadoras y no correr riesgos al incluir historias u opiniones que pudieran molestar a la jefa mayor. Estas recién graduadas apenas hablaban español; aunque de padres hispanos, eran nacidas y educadas en Estados Unidos, con muy poco conocimiento de nuestra cultura o historia.

María Celeste me dio algunos ejemplos: en una oportunidad discutió durante más de media hora con una de ellas para explicarle la importancia de presentar un reportaje sobre el fallecido líder campesino César Chávez, luchador incansable por los derechos de los trabajadores agrícolas hispanos en California. Al fin y al cabo la remplazaron con una historia sobre un cerdito rosado que usaba ropa.

De igual manera, cuando el payaso Bozo —a quien ellas no conocían— murió, se negaron a mencionarlo en el aire.

—Muchos jóvenes crecimos con él —dijo—, pero para alguien que no lo conoce no es importante. Lo que más me molestó fue que no creyeran en mi palabra, en mi profesionalismo.

Estos incidentes se repetían muy a menudo. Fui testigo de muchos de ellos y Mary tiene razón: provocan gran frustración.

Otra razón que la llevó a tomar la decisión de marcharse fue que en *Primer Impacto* no le permitían interpretar las noticias; es decir, tenía que decir las cosas tal como aparecían en los cables de las agencias noticiosas como Associated Press. Cuando ella mencionó, después de que sucedieron los tres primeros casos, que los ataques con el poderoso veneno Ántrax eran producto de un "acto terrorista", las productoras le prohibieron usar ese término en el aire. Por su larga experiencia, ella consideraba que era así; sin embargo, la censuraron. Pocos días después, todos los medios los llamaban "ataques terroristas".

María Celeste tenía razón.

—Era como estar con un esposo abusivo que un día te pega y al día siguiente te pide disculpas y se hace el buenito —comentó.

Se refería a que algunas veces, muy pocas, le hacían caso a sus comentarios o interpretaciones de las noticias, pero luego todo cambiaba y la ignoraban por completo.

—El programa estaba estancado —agregó, al exponer otra de las razones de su partida—. Había segmentos que ya no funcionaban y los que yo proponía no les gustaban.

Una frase que pronunció en nuestra entrevista resume su estado de ánimo en esa etapa de su vida profesional:

—No quería vivir frustrada.

Otra razón de gran importancia que menciona es la censura que se ejercía en Univisión. Ella misma fue testigo de la manera en que los directivos de la cadena decidían "quiénes existían y quiénes no existían" dentro del mundo de la televisión, manipulando constantemente lo que salía en la pantalla y otros lugares en donde podían ejercer su influencia.

—Gloria Estefan no vende —sentenciaron una vez, y una entrevista que María Celeste le hizo se canceló pocas horas antes de salir al aire. Tiempo después Emilio Estefan se enteró de lo que en Univisión pensaban de su esposa y se aseguró de que Ray Rodríguez escuchara su descontento.

Lo mismo sucedió con otros artistas, algunos de ellos muy importantes.

—Cuando Mauricio Zeilic decidió renunciar a Univisión, a Myrka y a mí no nos permitieron despedirnos de él en el programa —me contó Mary.

Así, con esa frialdad, Mauricio desapareció. A partir del momento en que dejó de trabajar, se conminó a que su nombre no se mencionara en el aire y a las conductoras no se les permitió por lo menos anunciar su partida. Después de más de una década de entretener al público de las cinco de la tarde, Mauricio no tuvo oportunidad de despedirse de su audiencia.

En el mismo tenor, muchos otros nombres e imágenes fueron siempre manipulados por Univisión. Desde hace largos años su enorme poder en el seno de la comunidad hispana decide lo que la gente debe ver o no en televisión. Como dice la canción de León Giego: "Es un monstruo grande y pisa fuerte"…

Otra muestra de la influencia que ejerce la cadena sobre la opinión pública es la forma como manipula lo que aparece en las portadas de las revistas en español. En fechas recientes *People* publicó un reportaje sobre las mujeres más poderosas de la televisión hispana, llamado "Las divas de la tele". En la portada de ese ejemplar se aprecia a Myrka Dellanos, Bárbara Bermudo y Charitín. También figuran en el reportaje María Antonieta Collins y Lili Estefan.

Un subtítulo que se observa en la parte inferior dice: "¿Dónde está María Celeste?". La aludida me explicó que cuando la revista le propuso hacer las fotografías aceptó, pero que después le informaron que harían varias portadas y ella no estaría incluida en algunas versiones de la revista. ¿La explicación aducida? Tenían que eliminarla de éstas para no generar disgustos en Univisión: si ella aparecía junto a

Myrka, la revista no se mostraría al aire en programas como *Primer Impacto* y *El Gordo y la Flaca*, y perderían mucha promoción.

Ante esta determinación, y cansada de la sempiterna actitud controladora de Univisión, María Celeste decidió no figurar en las fotografías, aunque sí concedió la entrevista. En ella habló de la razón por la que no autorizó que su imagen se manipulara de esa manera.

—Si yo aparezco en una portada, es por mis méritos, no por la cadena a la que pertenezco —concluyó.

Otro ejemplo de los tentáculos de "la cadena de los hispanos": cuando *Al Rojo Vivo* comenzó a salir al aire, la audiencia respondió en forma sorprendente. Los *ratings* estaban por el cielo y la revista *TV Novelas*, de Editorial Televisa, decidió publicar una fotografía de María Celeste en su portada para anunciar semejante logro.

Nadie sabe con exactitud qué ocurrió, pero cuando la revista estaba en la imprenta, llegó una orden misteriosa de que cambiaran la portada. María Celeste cree que Univisión se enteró y ejerció presión para que la sacaran. Al final, no apareció.

En las estaciones radiales de Univisión casi no se menciona a artistas o talentos relacionados con Telemundo o que trabajen para esa cadena. Sobre ellos se externan sólo comentarios triviales en ocasiones como el día del padre o el día del amor, pero es raro que se les realicen entrevistas en profundidad.

—Muchas situaciones se acumularon durante los meses anteriores a la fecha de vencimiento de mi contrato. No me sentía cómoda y no lo estaría aunque me ofrecieran mucho más dinero. Me pareció que nada cambiaría y decidí buscar otro camino —aseguró María Celeste.

No fueron el aspecto económico ni la sed de fama o reconocimiento los que la llevaron a tomar semejante decisión. Tantos años de profesión no se tiran a la basura sin más ni más.

Ella reconoce que Univisión la ayudó en gran medida en su carrera profesional, la formó como periodista y conductora, y le brindó oportunidades extraordinarias de crecimiento. Sin embargo, llegado el momento de aplicar todo lo aprendido, se encontró con una pared sólida, con un gigante terco y torpe que no supo manejar bien su fuerza y la dejó partir.

Como creo que ya se habrán dado cuenta, ésa ha sido la política de Univisión con muchos de sus empleados. Aquel que se atreva a enfrentar a la autoridad o exprese su desacuerdo con ella, mejor que empiece a buscar otro empleo. Y no se conforman con eso: se toman el trabajo de intimidarte y hacerte creer que sin ellos no eres nada. A las personas que amenazan con renunciar les aseguran: "Telemundo nunca va a despegar, la compraron Sony, General Electric y otros, y siempre fracasaron".

Sí, es cierto, a todos —incluido yo— les dicen lo mismo. Si hay dudas al respecto, pueden preguntarle a John Morales, Mauricio Zeilic, María Antonieta Collins, Mercedes Soler y Carmen Dominicci. Todos ellos, ex compañeros de trabajo, me lo confimaron y algunos de sus testimonios se incluyen en este libro.

"Es un monstruo grande y pisa fuerte, toda la pobre inocencia de la gente", cantaba León.

4. Myrka y su romance de *impacto* con Luis Miguel

Estoy convencido de que la renuncia de Myrka al puesto de conductora de *Primer Impacto* se debió en mucho a su relación con el cantante mexicano.

Pero no fue la presión que él ejerció sobre ella lo que precipitó su salida del programa; diversos acontecimientos surgidos en los últimos meses de 2003 la empujaron a tomar esa decisión.

Según fuentes muy confiables, una tarde, en la oficina de María López, la productora ejecutiva y creadora del *show*, se efectuó una reunión en la que participaron ésta, Myrka, Bárbara Bermudo y Fernando del Rincón.

Entre los temas que se hablaron se hizo una crítica muy fuerte a la aparición de Myrka en la portada de una revista con ropa muy ajustada y mostrando sus encantos femeninos. Según López, esto había sido excesivo, la desmerecía y afectaba la imagen del programa.

Myrka, por supuesto, no tomó muy bien la crítica y se inició una discusión acalorada. La tensión entre ambas no era algo nuevo y había alcanzado un punto álgido por las constantes solicitudes de vacaciones de Myrka, quien deseaba pasar el mayor tiempo posible junto a su novio. Casi siempre le negaban los permisos y, en algunas ocasiones, cuando le decían que sí, las fechas no le convenían.

Pero tal vez la gota que colmó el vaso fue que Fernando del Rincón se puso del lado de la jefa. No era ni es secreto que el entonces presentador del programa los fines de semana deseaba afanosamente quedarse con el puesto de Myrka y es muy probable que por ello haya decidido atacarla sin piedad. Además, seguro pensó que secundar a López le anotaría puntos a su favor en la lucha por el "asiento caliente" de *Primer Impacto*.

Lo cierto es que logró su objetivo. Llorosa, indignada y llena de furia, Myrka salió de esa oficina, recogió sus cosas y se marchó a casa.

Nunca regresó.

En los medios de comunicación se especuló durante mucho tiempo que Luis Miguel le pidió que abandonara su trabajo de diez años para estar más tiempo con él. Incluso se comentó que ella decidió no regresar de unas vacaciones que pasaron juntos inmediatamente después de la reunión que les describí.

Lo cierto es que Myrka había llegado al límite de su paciencia. Además de que le negaron varias solicitudes de vacaciones y de la rabia de María López por sus constantes ausencias, ya un incidente, sucedido antes —en el que participó María Celeste—, la molestó enormemente.

Luego de que Luismi y Myrka se conocieran en España en una entrevista, el cantante mexicano le ofreció a su nueva amiga, por quien sentía gran atracción, la posibilidad de realizar un *show* de una hora en la ciudad de Miami.

Recuerden que Luis Miguel es uno de los artistas que más escapa de los medios de comunicación en el mundo entero. La única condición que estableció fue que la entrevista la realizara Myrka y sólo ella. Era parte de su plan para conquistarla. Esto dejaba fuera a María Celeste, quien en esos momentos era la conductora, junto con ella, del programa.

Al enterarse de esta condición, María Celeste puso el grito en el cielo. Con ira, increpó a María López alegando que el acuerdo era que las entrevistas debían hacerlas por turnos, una primero y después la otra. Por consiguiente, y dado que Myrka ya había entrevistado a Luis Miguel en España, esta nueva entrevista le correspondía a ella.

Las negociaciones continuaron por un tiempo y, al final, el especial de una hora nunca se realizó. Este resultado provocó que Myrka montara en cólera y marcó el comienzo del fin de su carrera como presentadora de *Primer Impacto*.

Se perdió una gran oportunidad de lucirse y también de ver al hombre que tanto le gustaba. Además, la cadena había sucumbido, una vez más, a los caprichos de María Celeste, quien no entendió la importancia de este encuentro para Myrka. Sólo pensó en la pérdida de prestigio que para ella significaría no aprovechar ese momento televisivo de tanta relevancia. Si sumamos a las emociones negativas generadas por esta experiencia, la frustración de Myrka por no poder ver a su nuevo amor más seguido debido a su trabajo, la escena que le hizo María López —con la ayuda de Fernando del Rincón— a causa de las sensuales fotografías y la cantidad de tiempo que llevaba haciendo lo mismo todos los días, puede decirse que su renuncia a *Primer Impacto* fue motivada por varias razones: amor, seguro; frustración, bastante; la idea de que todas las etapas deben terminar, tal vez.

Lo único que puede afirmarse es que Univisión, a pesar de su salida abrupta del programa, le ofreció un contrato muy jugoso para evitar que se fuera a la competencia, tal vez a sentarse al lado de su ex compañera en este medio tan impredecible como es la televisión.

Se habló de que realizaría varios especiales, pero sólo se concretaron dos. La han utilizado como presentadora para *Primer Impacto* en los *Premios Lo Nuestro* y apareció algunas veces en *El Gordo y la Flaca*, pero nada más.

Puede decirse que Myrka se fue, pero para quedarse.

5. En confianza con Mercedes Soler

Varias veces le dije a Mercedes Soler que si a mí me hubieran hecho lo mismo que a ella, jamás hubiese puesto un pie en Univisión otra vez. Al verla entonces sentada en su oficina, rodeada de fotografías de sus hijas y recuerdos de sus viajes, la mirada fija en la pantalla de la computadora y la expresión concentrada, sabía que lo que pasaba por su mente era un solo pensamiento: "¡No quiero estar más aquí!".

Déjenme contarles cómo Univisión destrozó el espíritu y la autoestima de una de las mejores periodistas que conozco.

Mercy fue una de las fundadoras de *Primer Impacto*. Cuando *Noticias y Más* cambió de nombre a principios de 1994, ella formaba parte del equipo de dos reporteras con base en Miami. La otra era Liliana Marín, a quien yo remplazaría en agosto de ese año.

Su estilo como reportera era único y fácil de predecir: reportajes bien estructurados, escritos con inteligencia y llevados a un ritmo pausado pero apasionante, de esos momentos periodísticos que invitan a que uno se acomode en su asiento y los disfrute. Ricos en detalles y destacando siempre lo más importante, la esencia de la historia, Mercedes hacía mucho hincapié en el lado humano del entrevistado. Sin embargo, nunca dejaba pasar la oportunidad de inyectar a su trabajo su punto de vista crítico y muchas veces politizado, impregnado de sus propios valores morales.

Gracias a ese estilo se le asignó su propio segmento dentro del programa. Lo llamaron "En Confianza con Mercedes Soler" y por esos tres o cuatro minutos semanales pasaron personajes famosos de todo tipo. Recuerdo que ella hablaba mucho de la entrevista que le realizó al entonces presidente peruano Alberto Fujimori, no sólo porque la llevó en helicóptero a las ruinas de Machu Picchu, sino porque, según me confió, estando a miles de metros de altura y sin un baño a la vista, hubo de hacer sus necesidades fisiológicas acurrucada entre unas piedras a pocos metros del hombre con mayor poder en ese país, sobre uno de los patrimonios más impresionantes y hermosos de la humanidad.

Nunca me mencionó que tuviera la ambición de ser presentadora de un programa de televisión, pero, conociendo bien nuestro progreso lógico en la carrera del periodismo, puedo asegurar que ése era uno de sus sueños.

El día en que la productora ejecutiva de *Primer Impacto* la llamó a su oficina para decirle que quería que sustituyera a Myrka o María Celeste cuando una de ellas faltara, la cara de Mercedes se iluminó como si le hubieran anunciado un aumento de mil por ciento. A partir de ese momento, mi amiga, quien suele ser bastante reservada y poco expresiva, se transformó en un dinamo de energía y se mostró feliz y animada.

En verdad, no sé si miraba ansiosa hacia las puertas del departamento de noticias, a la espera de que alguna de las conductoras no entrara o si simplemente rogaba que se oyera el timbre del teléfono y le avisaran que una de las chicas no había venido. De lo que sí estoy convencido es de que ésos eran los momentos en los que se sentía una periodista completa, exitosa, lista para demostrarle al mundo toda su capacidad.

Al principio sus nervios eran evidentes. Ya no se trataba de un reportaje "en vivo" desde la calle en algún lugar del mundo, ni de un informe presentado desde el centro de satélites en el que ella siempre se lucía con una imagen sólida y profesional. Aquí estaba sentada en el trono, la cima de la montaña, la carroza principal del desfile.

Detrás de esas cámaras había millones de personas con la vista fija en ella y eso es algo que no se puede ignorar, por más calmantes que se tomen o experiencia que se posea. De vez en cuando se la veía dudar o cometer errores que, muy probablemente, la llenaban de ira pasajera porque sabía que las cámaras no la intimidaban; más bien, el peso de su nuevo rol era demasiado grande para sacudírselo de un día para otro.

Sucede que en Univisión tampoco se mantiene la política de capacitar a sus empleados para asumir roles de mayor responsabilidad. Lo hicieron siempre con todo el mundo. A ti te llaman, te sientan en una silla y te ordenan: "Haz este trabajo, hazlo lo mejor que puedas, pero hazlo. Y mucho cuidadito con fallar".

Los comentarios que escuché de la gente en la calle o de nuestros compañeros de trabajo eran de distinta índole: algunos opinaban que Mercedes lucía muy bien y hacía un buen trabajo. A otros, en cambio, no les agradaba el cambio en el estilo del programa; según ellos, Mercedes no tenía la presencia para esa posición, obviamente comparándola con el mayor atractivo físico de Myrka y María Celeste. A esto yo respondía que mi colega era una excelente periodista, capaz de darle más credibilidad al programa. Pero el consenso parecía no favorecerla.

Con el transcurso del tiempo, Mercedes tomó el ritmo a pasos agigantados. Desde luego, pensaba que estaba obteniendo lo que merecía, aquello por lo que luchó durante tantos años, y sentía que se le abrían las puertas para cosas más grandes: por ejemplo, tener un programa propio, el sueño de todos nosotros.

Por lo mismo, cuando en 2002 se supo que María Celeste había renunciado porque Univisión no accedió a sus demandas para firmar un nuevo contrato, todos pensamos, pero más que nadie Mercedes, que la candidata lógica para sustituirla era ella. Después de todo, contaba con las condiciones profesionales y el conocimiento de la estructura del programa que se requerían. Además, se había "autoentrenado" varios meses para el papel.

Pero ¡oh, sorpresa! Entre las sombras corporativas de la empresa apareció en la palestra una jovencita muy atractiva y llena de energía llamada Bárbara Bermudo. Antes de incorporarse al equipo de *Primer Impacto*, la boricua de facciones hollywoodenses y curvas bien latinas era reportera del canal local de Univisión en Miami, "el 23", como le llamábamos.

Desde un principio algunos colegas y yo intuimos algo raro. Bárbara se incorporó al grupo como reportera, pero nunca nos pareció que daba la talla para esa labor.

En los pasillos de la empresa comenzó a especularse que había llegado para ocupar el puesto de María Celeste (incluso se comentó que su ascenso maratónico a la cima de la cadena podría ser resultado de algún "dedazo" proveniente de las esferas más altas del poder).

Por otro lado, Mercedes Soler remplazaba muy dignamente a la ex compañera de Myrka. Todos se preguntaban —lo mismo que ella, aunque no lo dijera— si Univisión la dejaría en ese puesto de modo permanente.

Hasta que se dio el anuncio: Bárbara Bermudo quedaría en lugar de María Celeste en el semitrono de *Primer Impacto*. Acto seguido vi a Mercedes limpiar su escritorio y salir con aire tempestuoso de la sala de noticias.

Cabe destacar que, meses antes del anuncio, a Mercedes le firmaron un contrato de presentadora, lo que implicaba un salario más alto que el de reportera, una cierta cantidad de dinero al mes para pagar su vestuario, un preciado espacio para estacionar su automóvil muy cerca de la puerta de entrada al edificio y otros beneficios de los que no me enteré, pero que sé que recibió. Y es que todos los contratos de *anchors* o presentadores en Univisión son parecidos; claro, varían según quién sea el firmante, pero no mucho.

Durante varias semanas el paradero de Mercedes fue un misterio. Nadie se atrevía a llamarla porque, primero, la conocíamos y sabíamos que no contestaría; segundo, la situación era ya bastante dolorosa para obligarla a revivirla, y tercero, pensamos que sería imposible consolarla después de semejante golpe bajo.

Para nosotros quedaba claro que había renunciado luego de entregarle dieciocho años de su vida a la companía. ¿Quién estaría en desacuerdo con su decisión? Mercedes esperó, se preparó con gran esfuerzo y minuciosidad, y ¿con qué le pagaron? Los mismos que le asignaron un papel protagónico en el programa que ella prácticamente fundara la desecharon por completo para darle su posición a una novata cuyo único talento era ser más exuberante.

Pero cuál no sería nuestra sorpresa cuando un buen día regresó y se sentó ante su escritorio como si nada hubiera pasado.

¡Eso sí que nos sacudió! Me acerqué a mi amiga y, sin pelos en la lengua, le dije lo que pensaba. No me animé a preguntarle por qué había vuelto pues no quería que malinterpretara mis palabras, estaba contento de verla de nuevo entre nosotros. Opté sólo por mostrarle mi indignación y comunicarle, en tono alto de voz, que no creía que yo hubiese aguantado semejante insulto y humillación.

Con expresión de total resignación me dijo, en palabras que no puedo reproducir aquí, que ya no le importaba nada, que llevaría a cabo su labor de reportera lo mejor posible y esperaría a que la despidieran o a terminar su contrato. Volvió a trabajar tras tomarse un tiempo para reflexionar y evaluar muchas cosas. Al hacerlo se dio cuenta —o, mejor dicho, recordó— que, por encima de cualquier decisión corporativa, ella era una profesional y su amor por el periodismo podía ayudarla a sanar las heridas que esa injusticia le había causado.

No obstante, Mercedes nunca fue la misma. La sentaron en un escritorio alejado de nosotros (no sé si fue su decisión o si alguien la reubicó ahí, pero estaba casi escondida, lejos de la sala de redacción, de espaldas a todos) y pocas veces le asignaban reportajes. En varias ocasiones en que los encargados de la mesa de asignaciones nos pidieron a Ricardo Arambarri o a mí que realizáramos alguno para el programa y ambos estábamos ocupados en otras tareas, tuvimos que recordarles que Mercedes estaba trabajando, que ella también podía hacerlo y muy bien. Y su respuesta era: "¡Ah, cierto, Mercedes!".

Una de las fundadoras de *Primer Impacto* se había perdido en el fondo del barril, incluso para algunos de sus propios compañeros de trabajo.

No transcurrió mucho tiempo antes de que sucediera lo inevitable. Un día pasé junto a su escritorio y lo vi sospechosamente vacío. No estaban las fotografías ni los dibujos de sus hijitas que con orgullo exponía, ni los papeles acomodados con todo cuidado, ni sus adornos, esos trofeos comprados en algún viaje y que le recordaban cada día su época de guerrera del micrófono. También faltaba ella, concentrada en la pantalla de la computadora o atenta al teléfono. Mercedes se había ido y ya no volvería.

El rumor corrió como reguero de pólvora por los pasillos de Univisión. Antes de volver a sentarme ante mi escritorio ya me habían contado el chisme como tres veces. Nadie parecía saber por qué. Yo sí, a la perfección.

María López, la vicepresidenta de noticias y productora ejecutiva del *show*, llamó a Mercedes a su oficina para informarle que no renovarían su contrato. Corrían los primeros meses de 2005. ¿La razón? Fue una decisión "subjetiva", según me contó Mercedes tiempo después. Ni ella ni yo entendemos todavía lo que eso significa, pero me confesó que se sintió aliviada y feliz, porque no veía la hora de salir de ahí y comenzar a trabajar en otros proyectos.

Había vivido meses de espera agonizante. Quería emprender una nueva etapa junto a sus hijos, contar con mucho más tiempo para dedicarles, escribir libros y desempeñarse como la periodista que deseaba ser, bajo sus propios términos.

Es triste entregar gran parte de tu vida a una empresa que te hizo creer que te habías ganado un lugar entre los privilegiados, con base en tu esfuerzo, talento y coherencia profesional, para luego sumergirte en el olvido de una patada.

Resulta muy penoso tener que irte sin honores, sin pena ni gloria, del lugar donde plantaste tu bandera con orgullo, segura de haber alcanzado tu cima.

Pero lo que más me duele a mí en lo personal es que se desprecie el talento de una periodista íntegra y capaz, que se formó dentro de la empresa, que se ganó cada escalón que subió, para poner en su lugar a una joven por su apariencia física. Como si un buen programa periodístico necesitara de curvas, siliconas y sonrisas falsas para tener éxito.

Tal vez ésta sea para mis ex jefes la fórmula mágica para lograr buen *rating* en televisión. Yo les digo que están equivocados y creo que Mercedes estará de acuerdo conmigo.

Al fin y al cabo, si a una cara bonita le quitan todas las caras feas de quienes arriesgamos nuestras vidas corriendo en pos de la noticia, de los que viven presionados detrás de cámara por la carrera contra el tiempo que representa realizar un programa en vivo, y de todos los demás que hacen posible *Primer Impacto*, lo único que queda es eso, una cara bonita aburrida, sin nada qué contar.

6. María Antonieta Collins: vitaminas y ovarios de rinoceronte

El sonido del teléfono logró distraer a María Antonieta de sus pensamientos y su mirada, entre melancólica y preocupada esa mañana, cambió por un instante.

Eran poco más de las diez del primero de agosto de 2005 y la voz del otro lado de la línea le robó una sonrisa nerviosa, casi imperceptible.

—¿Qué se siente estar sin empleo? —le preguntó Raúl Mateu, su representante y amigo de muchos años.

En ese preciso momento Mac —como le decimos quienes la queremos— se dio cuenta, bien a bien, de que, por primera vez en treinta años, estaba desempleada. Su contrato con Univisión había expirado el día anterior. Mejor dicho, lo que terminó el 31 de julio fue la extensión de tres meses que le otorgaron mientras decidía si se quedaba o no en la empresa.

Pero ese domingo no se presentó a trabajar, ni tampoco el sábado. Aún estaba muy adolorida por una infección que contrajo después de una cirugía plástica para reducir la piel de su estómago tras perder más de sesenta libras de peso. Ahora bien, su convalecencia no era sólo física sino también mental. Después de trabajar durante diecinueve años para Univisión, una de las periodistas más antiguas de la compañía decidió, con carácter irrevocable, cambiar de rumbo.

—Me voy, señores, aquí ya no hay nada más para mí —comunicó a los directivos pocos días antes de esa mañana llena de miedo controlado y nostalgia.

Mac me contó la historia de esos últimos momentos como empleada de la cadena entre agua, café y galletas, sentados en la cafetería del Hospital Jackson de Miami. Allí Fabio, su esposo, luchaba por su vida en una sala de quimoterapia situada en el piso doce del ala oeste del centro médico. El 7 de marzo de 2006 le diagnosticaron cáncer de hígado con metástasis. Según los médicos, las posibilidades de que se curara eran de sólo quince por ciento.

Nuestra conversación pareció desvanecer por momentos esa tristeza de su mente y con su pasión habitual continuó:

—Cumplí una etapa. No puedo decirte que me fui triste, eso hubiera significado pensar que me darían más. Y es que cuando tomé la decisión de irme no fue para negociarles. Para negociarles, les hubiera dicho: "Me voy, me voy, por favor, a ver qué me pueden ofrecer, qué más pueden darme". Eso nunca estuvo en disyuntiva, jamás.

Según me dijo, en Univisión estaban dispuestos a renovarle el contrato —"no por mucha plata"—, pero no en las condiciones que ella reclamaba. Su mayor deseo era estar más tiempo con su esposo, a quien abandonaba todos los fines de semana para presentar el noticiero de los sábados y domingos junto con Sergio Urquidi.

—Mi marido no quería que yo trabajara los fines de semana; era terrible, un dilema familiar. Ya Fabio vivía solo prácticamente y yo trabajando ahí adentro de doce del día a una de la madrugada. Cuando los hijos se fueron a la universidad, imagínate, ¿qué, me iba a quedar sin marido? Entonces empecé a ver que las opciones eran muy pocas.

"Once años, ocho meses y doce días en el noticiero del fin de semana fueron demasiado. Ahí pasé mi vida, los quince años de mi hija, fiestas, cumpleaños, Navidades, días de año nuevo, las fiestas después de *Thanksgiving* (día de acción de gracias), los cuatro de julio (día de la independencia de Estados Unidos), ¡todos!"

Además, Mac era corresponsal en jefe de *Aquí y Ahora*, programa de investigación del departamento de noticias, que exigía que viajara constantemente.

—En mi caso decidí que tenía que crear otra etapa de mi vida, costara lo que costara —comentó—. Fui una *kamikaze*. Raúl Mateu, mi agente, me dijo que las tres reglas para que puedas reinventarte son: ser muy bueno en lo que haces, ser muy buena persona, y tener muy buenos amigos que se acuerden de que eres una muy buena persona y que eres muy bueno.

María Antonieta pasó esos últimos tres años pensando en reinventarse dentro de Univisión, pero fue en vano. Primero la desplazaron de su puesto como presentadora del noticiero de la noche cuando trajeron a Enrique Gratas de Telemundo. Ello a pesar de que Alina Falcón, la entonces directora de noticias, le prometió que el puesto sería para ella cuando Jorge Ramos y María Elena Salinas no lo hicieran más. En esa época ellos dos sólo presentaban el noticiero de las once y media los lunes y martes y María Antonieta, los demás días. Consciente de que ocupaba el tercer lugar en la lista, detrás de los presentadores estrella de la cadena, su sueño mayor era hacer el programa nocturno; así tendría los fines de semana libres para convivir con su familia.

Corría el año 2000. Ése fue, en sus propias palabras, uno de los peores momentos de su vida tanto profesional como personal. Se sentía gorda y vieja, atrapada en una situación que no le permitía disfrutar de su trabajo. Además, la llegada de Gratas complicó en gran medida sus planes y su futuro en Univisión se veía cada vez más negro.

—Yo, número tres, podía aspirar a estar en la noche con Gratas. Pero tampoco lo harían porque a mí me quitaron, de la noche a la mañana, para poner a Gratas. Y supe aceptarlo.

—¿Como te sentiste en ese momento? —le pregunté.

Su expresión cambió por completo y suspiró con resignación. En sus ojos pude leer la respuesta, pero de su boca salieron palabras más suaves, más "políticamente correctas".

—¿Cómo crees que me sentí al escuchar a Alina Falcón decirme que ya no sería más la presentadora de la noche, cuando pasé cinco años sustituyendo a Jorge y a María Elena? Hacía el *Noticiero Univisión* los miércoles, jueves y viernes, más el mío de sábados y domingos, más los fines de semana, más los días de descanso de ellos. Y, bueno, me decían: "Espera, vas a ver, tú vas a ver, cuando ellos ya no hagan la noche tú eres la remplazante". Y no sólo eso, estaba frustrada, con mucho sobrepeso.

Con la autoestima por el piso, decepcionada y en busca de una salida a su dilema, María Antonieta buscó la posibilidad de entrar a otros programas.

—Lo que quería era otra cosa, hacer esto, tener contacto con el público. Fui a ver a un ejecutivo de *Despierta América*, quien me dijo que estaba muy vieja, o sea, ellos querían a una muchacha joven, sexy, con hijos chiquitos. ¡Imagínate lo que pensé en ese momento! Tú sabes que nunca me he dado cuenta de cuándo me discriminan o cuándo me hacen menos y a lo mejor por eso soy más feliz. Entonces, no pierdo el tiempo quejándome: "Me hicieron menos, me discriminaron... voy a ver qué hago si no...".

Y aquí, al igual que cada uno de mis entrevistados, los ex empleados de Univisión, Mac filosofó sobre la arrogancia y el mal trato que caracteriza a quienes toman decisiones en la cadena.

María Antonieta participó como protagonista de todas las etapas que atravesó la compañía, desde sus comienzos humildes cuando se trabajaba en las condiciones más precarias, hasta su transformación en un conglomerado multimedia valuado en miles de millones de dólares.

Ella fue la primera corresponsal en California cuando la cadena se llamaba SyN, etapa en la que Televisa de México la controlaba por completo. Después, ésta tuvo que vender su parte al modificarse la ley y establecerse que ningún extranjero podía poseer más de cuarenta y nueve por ciento de una compañía de comunicaciones en Estados Unidos.

En algún momento su oficina fue una casa móvil o una habitación de hotel. Los recursos eran limitados, pero todos ponían el corazón en su trabajo porque sabían que creaban algo grande.

—Crecimos tanto que nos hicimos millonarios y olvidamos quiénes habíamos sido —me confió, con pena—. Univisión conservó los aspectos malos de Televisa: la arrogancia, la falta de comprensión. Pero no los buenos. Porque yo que formé parte de Televisa durante doce años sé que el señor Azcárraga usaba el látigo, pero también te daba el pan y era la gente más bondadosa ante lo extraordinario, ante lo buena gente de sus empleados.

Y esa arrogancia le dolió mucho más cuando, luego de renunciar, se enteró de los comentarios que varios directivos de Univisión hicieron sobre su futuro.

—¡Se burlan! Hay gente de Univisión que dijo que me iba a morir, que me había enterrado. Oye, por qué tanta pretensión. Eso es pensar que sólo la Coca Cola se va a tomar, que no existe la Pepsi Cola; es pensar que la Ford, porque fue la primera, es la única que venderá automóviles. Éste es un país de oportunidades, donde tú puedes reinventarte. Dejen que me reinvente, yo no le hice daño a nadie ni les mentí, ni les "regateé", ni les "barateé", ni nada.

María Antonieta no necesitaba que nadie le hablara de miedo o que la intimidaran. Sabía a la perfección en lo que se metía al decidir dejar atrás diecinueve años de su vida y arrancar una nueva etapa. Sabía que el futuro sería incierto, pero había llegado a su límite. Además, sucedió algo que les contaré más adelante y que le ayudó a tomar la decisión, a darse cuenta de que existía un mundo afuera, una vida después de Univisión, ventanas abiertas por donde entraba aire fresco y ella quería respirarlo.

—Es que ni siquiera entramos a la renegociación (del contrato). Porque cuando decidí reinventarme, parte del proceso exige tener ovarios del tamaño de un rinoceronte, para poder salir adelante y decir: "Está bien, me voy, cueste lo que cueste".

El apoyo de su familia fue fundamental en esos momentos tan difíciles. Agobiada por la posibilidad de quedarse no sólo sin trabajo sino también sin matrimonio o vida personal, acudió a la única persona que podía hacerla cambiar de opinión para atreverse a dar el paso final. Y él estuvo de acuerdo con ella.

—Creo que si no hubiera contado con el apoyo de mi esposo, Fabio, si él hubiera titubeado y me hubiera dicho: "Piénsalo, ¿qué vas a hacer?"… todavía estaría en Univisión. Durante nuestra conversación Mac mencionó varias veces una oferta muy tentadora que le hicieron pocos meses antes de que decidiera renunciar a Univisión. Fueron comentarios aislados que yo no lograba poner en contexto.

—Hubo una oferta muy fuerte, millonaria, para que vendiera un *kit* de vitaminas. En realidad, se trataba de algo parecido a un infomercial, un *talk show*, bien hecho, lo que no hay en español. Te estoy hablando de más de dos millones de dólares. ¿Qué sucedió? Quienes me lo propusieron no eran del todo confiables y se arrepintieron después. Dios no me lo permitió.

Fue recién terminada nuestra charla cuando todo adquirió sentido para mí: la compañía que le ofrecía semejante cantidad de dinero se puso en contacto con ella en noviembre de 2004, seis meses antes de que terminara su contrato con Univisión. La jugosa oferta no sólo le demostró que era posible ganar mucho dinero y reinventarse con un concepto nuevo, sino que fue un factor determinante en su decisión de renunciar a todos esos años cómodos en la cadena.

La oferta millonaria desapareció del horizonte apenas tres días después de la expiración de su contrato. Ya había dejado muy claro que no trabajaría más para Univisión, no podía dar marcha atrás. Se quedó, como dice el refrán, "sin el perro y sin la torta".

—Esos tipos me hicieron el mayor daño posible, pero, a la vez, me beneficiaron enormidades porque me enseñaron que si salía de las noticias podía hacer otras cosas. Y es que, como sabes, cuando estás en el mundo de los noticieros no puedes participar en comerciales.

Esas otras cosas llegaron de inmediato. Diez minutos después de que su representante avisara a los medios que María Antonieta Collins estaba disponible para trabajar, se escuchó el timbre del teléfono. Era Jorge Hidalgo, director de noticias de Telemundo. Mac me contó, emocionada, que algun día enmarcará y colgará en la pared la frase que le dirigió: "¿Qué quiere hacer María Antonieta Collins? Las puertas de Telemundo están abiertas para ella".

El 29 de agosto de 2005, menos de un mes después de despertar con el estatus de desempleada por primera vez en treinta años, Mac fue contratada por la cadena Telemundo para conducir un programa de tres horas todas las mañanas, de lunes a viernes.

—¿Qué sentirá ese ejecutivo de Univisión que me dijo que yo estaba vieja y fea, cuando existe —aunque se rían— un programa con mucha dignidad y con buen auditorio —aunque no quieran reconocerlo—, llamado *Cada Día con María Antonieta*, en una cadena como Telemundo que le asignó a una mujer de cincuenta y tres años de edad la responsabilidad de llevar tres horas de programación sin ser sexy, sin enseñar y sin tener hijos chiquitos? —cuestiona María Antonieta, con una leve sonrisa.

Mac me brindó la oportunidad excepcional de explorar su mente, de enterarme de cómo las personas evolucionan y logran reinventarse sin necesidad de pisar cabezas o insultar con estereotipos arrogantes y superficiales.

Entiendo también la tristeza oculta detrás de esa sonrisa de satisfacción que afloraba en su rostro al hablar del futuro, porque sé que María Antonieta se reinventó de muchas maneras. En primer lugar, se transformó en la mujer que siempre quiso ser: delgada, atractiva, "vendible". En segundo lugar, puso sus prioridades en orden: ella y su familia antes que nada. Y, en tercer lugar, le dijo adiós a quienes no supieron apreciar sus dones, a quienes le enseñaron muchas cosas para luego decirle que no servía, que no podía evolucionar.

Cuando se deprimió porque la sustituyeron con Enrique Gratas —por quien siente un tremendo respeto, lo mismo que yo—, se dedicó a escribir libros para ayudar a otras personas con problemas de peso y de tipo económico. Cuando se vio atrapada en su propio mundo, buscó una salida —con la ayuda psicológica de la oferta millonaria que nunca se concretó— y se dio cuenta de que la edad y las amenazas de un futuro incierto no eran más que una cortina de humo que le impedía ver el futuro con claridad.

El primero de agosto, cuando se escuchó el timbre del teléfono poco después de las diez de la mañana, María Antonieta no estaba sin trabajo. En realidad, volvía a nacer.

Por eso te admiro, Mac, y te deseo lo mejor, desde el fondo de mi corazón.

7. Del salvavidas a los flotadores

John Morales es una de esas personas que inspira confianza con sólo mirarla a los ojos. Sus gestos parecen medidos, calculados; proyecta a la vez timidez y la seguridad de saber con exactitud qué requiere hacer para poner énfasis en las ideas. Y, por supuesto, sus palabras son claras y expresadas con intensidad cuando se relacionan con los temas que más le agradan: la meteorología y, según sus propias palabras, la verdad.

En la vida cotidiana John sonríe y habla poco, y muchas veces parece sumergido en su mundo interior. Pero cuando nos sentamos a charlar en un restaurante italiano para que me contara el motivo de su partida de Univisión, el meteorólogo más famoso de la televisión en español no ocultó un segundo su pasión por lo que hace.

—La información del tiempo es la razón principal por la que la gente sintoniza los noticieros. Eso se ha demostrado en un gran número de encuestas. Por eso ves que los noticieros locales destacan tanto el clima —me dijo.

Con su comentario no tenía la intención de darse importancia, sino externar su legítimo orgullo.

Mi mayor interrogante con respecto a John era: ¿por qué dejar la cadena después de tantos años de construir una imagen impecable de sí mismo en un medio que le fue en extremo favorable?

John se describe como un meteorólogo que llegó a la televisión luego de trabajar muchos años para el gobierno de Estados Unidos, en las oficinas del Servicio Meteorológico Nacional de San Juan, Puerto Rico. Por lo mismo, afirma que bajo ninguna circunstancia debe confundírsele con aquellos presentadores del tiempo que encuentran su vocación por la meteorología llevados más por su amor a las cámaras que a los nubarrones.

—En este país sólo hay cinco meteorólogos (cuatro en Miami y uno en Dallas) con certificación como tales y con diploma para aparecer en la televisión en español. Todos los demás son presentadores nada más, tal vez con estudios de comunicación o de periodismo —me explicó John.

Añadió que los únicos certificados válidos y respetados en su profesión son los que otorga la American Meteorological Society o AMS (Sociedad Meteorológica Americana) o la National Weather Association o NWA (Asociación Nacional del Tiempo).

En la página de Internet de la AMS verifiqué cuáles son los requisitos para obtener el sello de aprobación de la institución: tener un título universitario en meteorología; aprobar un examen escrito; someterse a una revisión de su trabajo para determinar su competencia técnica, así como su habilidad para comunicarse, explicar e informar al público, y contar con al menos dos años de experiencia continua como meteorólogo en radio o televisión, o tres de trabajar tiempo parcial en ello.

—Yo soy un meteorólogo que trabaja en televisión; los demás, son comunicadores que por azar trabajan en meteorología y lo que han buscado es la forma más directa de salir al aire —mencionó John.

Pese a que nunca lo dijo directamente ni mostró enojo al hablar del tema, en nuestra charla mi ex compañero manifestó de modo constante su desacuerdo con la trivialización de su labor en los medios de comunicación.

Su posición en la cadena parecía sólida como una roca, no tenía competencia en ella. Fue el primer meteorólogo certificado (y genuino) que pisó los escenarios de Univisión en su historia. Y un día, como un relámpago, un huracán súbito o un chaparrón de agua fría, recogió sus artículos personales y se fue.

Especulaciones hubo muchas. Primero se dijo que había enfurecido por el rumbo que tomó la cadena al contratar a la modelo y aspirante a actriz Jackie Guerrido para presentar el segmento del tiempo (departamento del cual él era la cabeza) en el noticiero del canal 23. Ella se encargaba del *show* de la madrugada y John de los de la tarde (a las seis) y la noche (a las once).

—Que pongan a una persona así en el aire siempre me ha molestado; pero, al fin y al cabo, es una realidad que si sigo estrellando la cabeza contra la pared, acabaré atrofiado por completo. Lo que intento decirte es que es algo con lo que tengo que vivir —comentó tan pronto empezamos nuestra conversación.

Con el término "una persona así" se refería, en específico, a alguien sin experiencia y que favorece los *rating*s sólo por su voluptuosidad. No tuvo que decírmelo, lo entendí a la perfección.

—Ella ascendió vertiginosamente, desconozco bajo qué circunstancias, y se convirtió en la presentadora del segmento por las mañanas, en *Despierta América*, y, cuando yo me fui, comenzó a hacerlo en *Primer Impacto* —añadió.

Después de estos comentarios su tono de crítica con respecto a Guerrido se tornó más moderado; tal vez temía haberla criticado con demasiada dureza.

Sin embargo, su frustración es comprensible. La realidad es que Univisión puso en el lugar de un veterano de la meteorología, un profesional serio y responsable, certificado y confiable, a una mujer cuyos mayores atributos ocultan, como enormes nubes, el mapa que aparece detrás. Y estoy seguro de que si le preguntara a la mayoría de los hombres que ven *Primer Impacto* cuál es el pronóstico del tiempo, muchos sonreirían y contestarían: "¿A quién le importa?".

—No es cierto que mi decisión de salir de Univisión haya estado relacionada con que pusieran a una persona como Jackie Guerrido a dar el tiempo. Porque yo entiendo al sol de hoy, como decimos en Puerto Rico, entiendo las presiones que ejercen los *ratings* en la televisión no sólo en español sino también en inglés. Pero me parece en extremo peligroso que la persona prácticamente encargada de los segmentos del tiempo en nivel nacional en una cadena prestigiosa como Univisión no posea el más mínimo conocimiento sobre la materia —me confió.

John probó otro bocado de la ensalada *caprese* que le sirvieron y continuó:

—Hay que pensar con cuidado en quién sale en el aire en el segmento del tiempo. Y es que hablar de ello en una ciudad como Los Ángeles, cuando brilla el sol y las temperaturas son agradables día tras día, es una cosa… Pero, ¿qué sucede cuando en esa misma urbe hay inundaciones, derrumbes y deslaves? ¿Qué hará esa persona ese día, cómo explicará el mal tiempo que se pronostica? ¿Cómo podrá, incluso, salvar vidas? No tiene la capacidad para hacerlo, para explicarle al público el peligro que se acerca y el enemigo al cual se enfrentará.

Jackie Guerrido nació en Río Piedras, Puerto Rico, en 1970. Creció en su país, soñando con ser actriz, para luego mudarse a la ciudad de Nueva York. En la Urbe de Hierro realizó varias audiciones, incluso para el papel de Selena en la película que lanzó a la fama a Jennifer López.

Hasta que un día consiguió trabajo en una estación de radio de Miami como coconductora de un programa musical, y decidió radicar en el sur de Florida. Cuando más adelante se le vio como reportera del tránsito en el canal 51 de Telemundo, los directivos de Univisión se fijaron en ella —ya me imagino lo que le vieron— y le ofrecieron la posición de meteoróloga en el noticiero de la mañana del canal 23.

Como carecía de conocimientos al respecto —lo que demuestra que la cadena no la contrató por su talento o por su aporte a la comunidad, sino por sus otros encantos—, Jackie estudió un curso corto de meteorología en la Universidad de Florida.

Enseguida de terminarlo se lanzó a hablar sobre el tiempo, información que afecta la vida de millones de personas pero que, por decisión de los altos mandos, pasaba a un segundo lugar en un intento de levantar los *ratings* con una mujer atractiva a cuadro.

—No lo hace mal, recuerda que yo también la entrené —dijo Morales, tras saborear un sorbo de vino tinto—. Pero, te repito, no cuenta con el conocimiento en profundidad que debe tener una persona para brindar información que puede ser crucial para salvar vidas.

La carrera de Jackie avanzó como una ráfaga a partir de su llegada a Univisión. Primero le ofrecieron dar los pronósticos del clima para todo el país —todo esto con el cursito de meteorología y un corto entrenamiento recibido de Morales— en el programa *Despierta América*. Fue sólo cuestión de tiempo para que subiera la escalera de la cadena y llegara a *Primer Impacto*, en sustitución de John después de la partida de éste.

—No pienso atacar personalmente a nadie, Jackie es capaz. No cualquiera puede pararse frente a un mapa y dar la apariencia de saber lo que dice. Ella proyecta una imagen confiable, tiene ese talento que no todos muestran.

Pero los directivos de Univisión que empujaron la carrera meteórica —o meteorológica, mejor dicho— de Guerrido quizás olvidaron algo. En el equipo de Morales había otra persona que lo sustituía en *Primer Impacto* durante sus ausencias: la meteoróloga chilena Paola Elorza, quien, con todo y diploma, llegó a Univisión tras trabajar para el Weather Channel (el Canal del Tiempo) durante un lapso.

No tan agraciada en lo físico como su compañera de rubro, pero con mucha más experiencia en el tema, Elorza fue una de las que sufrió en carne propia el embate de los vientos boricuas cuando Jackie pasó, como un vendaval, de chica del tiempo en el canal 23 a "meteoróloga" de la cadena.

Con respecto al título que se le da muchas veces a Guerrido en Univisión y otros medios, Morales mencionó:

—Espero que nunca se diga en el aire: "A continuación, nuestra meteoróloga Jackie Guerrido"; no sería ético anunciarla de esa forma.

—Lo han hecho —respondí.

—Repito, no es ético, porque meteoróloga no es. Es como decirte a ti que eres ingeniero —replicó con intensidad en la mirada.

Ante la situación tan desagradable, ¿cuál creen que fue la reacción de Paola Elorza? Se colocó implantes de seno. ¡Lógico! ¿Qué otra cosa podía hacer? En Univisión lo único que te ayuda —si eres mujer, claro— a avanzar en tu carrera profesional parece ser la silicona. Y es que en este libro ya quedó demostrado muchas veces que el talento natural no sirve de mucho.

Proceso doloroso y caro el de Paola, pero al menos le asegura una competencia menos desigual.

—Creo que la llegada de Jackie la impactó mucho más a ella que a mí —opinó John.

Con este comentario, sin percatarse, admitió que Guerrido influyó en su decisión de no renovar su contrato.

—Me apena que sucumbiera a las presiones de imagen que imperan en Univisión y se haya hecho los cambios físicos a los cuales se vio obligada para poder continuar su carrera. Tal vez nunca lo reconozca, pero seguro sintió la presión y se dijo: "Espérate, yo estaba aquí, yo era la mano derecha de John, cómo de pronto viene esta chica y asciende a ser la meteoróloga de la cadena, bueno, meteoróloga no porque no lo es, más bien, presentadora del tiempo de la cadena".

Pero, si hablamos de factores que influyeron en su salida, ése no fue el único ni el de mayor peso, me confesó Morales. Hubo dos razones que, de manera gradual pero irreversible, inclinaron la balanza para precipitarla.

—Yo llegué a la televisión proveniente del Servicio Meteorológico Nacional, o sea, era un empleado del gobierno. Por ser un desconocido en el mundo de la televisión, se me contrató por poca plata, casi lo mismo que me pagaban como pronosticador principal en la oficina de San Juan, Puerto Rico.

En 1992, poco después de su llegada al canal 23, ocurrió uno de los desastres naturales más devastadores de la historia de Estados Unidos (el mayor antes de Katrina). Un monstruoso huracán llamado Andrew, que causó la muerte de cuatrocientas personas y daños por casi doscientos cincuenta mil millones de dólares, puso a prueba al novato meteorólogo. El fenómeno permitió que el público del sur de Florida conociera la verdadera capacidad profesional de Morales, a quien todavía detienen en la calle para agradecerle su labor en esos terribles momentos.

Pero los años pasaron y los únicos que parecían recompensar la labor de John eran los televidentes con sus elogios. Y es que su salario era aún mucho más bajo que el de sus colegas de las cadenas de televisión en inglés.

—Estás ahí, ves cómo pasa el tiempo y la cadena se convierte en el gigante de los medios que es ahora, por el crecimiento tan acelerado de nuestra gente hispana en este país. Y crecen y crecen y hacen plata y hacen plata, pero nunca reinvierten ese dinero en la infraestructura necesaria para las actividades que realizamos —expresó John.

Ése fue el segundo factor de importancia para él después del salario: la falta de infraestructura para ofrecerle al público tecnología más avanzada en el campo de la meteorología.

—Es inconcebible que un canal tan exitoso, con la historia del canal 23 de Miami, tenga que trabajar con equipos inferiores, con cámaras viejas y equipos de edición del siglo pasado que dan pena, y que sus técnicos ganen una miseria cuando, por sus muchos años de trabajo, merecen salarios no digamos altos pero sí decentes. Mientras trabajé en Univisión sólo conté, en esencia, con el más pequeño de los sistemas de gráficos del tiempo que existe. ¿Por qué? Porque es el más barato. Es el mismo que le dieron a todos los presentadores de los canales de Univisión en todo el país.

Desde el inicio del siglo XXI el canal 23 ha sido siempre el de mayor sintonía en la ciudad de Miami; los noticieros de la tarde y la noche están por arriba en los *ratings* de las estaciones en inglés y de Telemundo. El problema, según Morales, es que los ejecutivos del canal parecían conformes con este triunfo y nunca hicieron nada para afianzarlo o asegurarse de perpetuarlo. A sus reclamos con respecto al equipo tan precario que se manejaba en su segmento, la respuesta permanente era que las demás estaciones usaban el mismo y habían firmado un contrato con la empresa que les proveía el contenido —fotografías atmosféricas, tendencias meteorológicas, estadísticas, etc.— y no podían salirse del mismo con facilidad.

Ahora bien, la preocupación de Morales era válida pues quería ofrecer mejores gráficos, información más precisa y comprensible para el público porque nunca dejó de pensar —como ya mencioné— que la mayoría de la gente ve los noticieros para enterarse del estado del tiempo.

Univisión, en su continuo crecimiento, expandió sus actividades y su alcance con la adquisición de una cadena de radio, un sello discográfico y la creación de Telefutura —cadena de cuarenta y dos canales de aire y cable establecida tras la compra de trece estaciones en los mercados más importantes de Estados Unidos, que pertenecían a la empresa USA Network—. Morales veía y escuchaba que sus ejecutivos y accionistas eran cada vez más ricos, pero en su mundo nada cambiaba.

Incluso, en cierta ocasión, cuando ya pensaba en la posibilidad de no renovar su contrato, un comentario le clavó la daga con mucha mayor profundidad:

—Escuché a un alto ejecutivo decirle a mi jefa, la directora de noticias: "¿Tú sabes que nosotros somos número uno gracias a John Morales?". Eso en realidad se le "chispoteó", porque, a pesar de saber bien cuáles eran los méritos de sus empleados, no los reconocían, no mostraban el respeto y la consideración debidos a su talento.

Es cierto, tales comentarios no suelen hacerse en los pasillos de las instalaciones de Univisión, mucho menos por parte de algún ejecutivo. La eterna política de la empresa era no "agrandar a nadie", para evitar que los egos se inflaran y luego llegaran las solicitudes de aumento de sueldo o mejores condiciones de trabajo. "¿A quién se le ocurre semejante aberración?", pensaban, con arrogancia, los directivos.

Morales recuerda que cuando se presentaba el momento de renovar los contratos, se desataba una lucha tensa e interminable, y se aducían excusas que mostraban un creciente grado de sofisticación:

—Sacaban a relucir excusas como: "Los aumentos no pueden ser de más de cierto porcentaje", "No te puedo dar tanto", y muchas más. Entonces, imagínate, en mis primeros cinco, seis, siete, ocho años en Univisión no tenía la malicia para hacer una negociación más fuerte. Además, te confrontan con un: "¿A dónde vas a ir?". En esa época el desafío era relevante porque en Miami, Telemundo alcanzaba números infinitesimales, el canal 41 no existía, no habían comenzado a operar otros canales en español. El *big player* aquí era Univisión, nadie más.

"Cada año que transcurría sentía que mi paga era inferior que la que debía recibir. Te doy un ejemplo que encaja a la perfección: empiezo a trabajar para la cadena en *Primer Impacto*, en nivel nacional. Me llegan con el mismo cuento de siempre: 'Bueno, sabes, ésta es una gran oportunidad para ti porque te verán en todo el país, pero… no hay dinero'. Típico. Al año de estar en la cadena comenzaron a pagarme algo adicional. Era una miseria. Siempre me pagaron menos que el canal local."

Mientras tanto, Morales leía en los reportes que la fortuna del presidente ejecutivo) (CEO) y el jefe de operaciones (COO) de la cadena aumentaba día con día. Eran multimillonarios.

—Creo que la idea era: "Vamos a sacarles el jugo a éstos, a exprimirlos lo más que podamos sin tener que reinvertir o reinvirtiendo lo menos posible".

Poco antes de que expirara su contrato —el último día de trabajo de John era el 31 de diciembre de 2002—, algo obstaculizó por completo el rumbo de las negociaciones.

—A todo esto surge Telefutura, la nueva cadena, y ¿quién hace los breves segmentos informativos de treinta segundos? El canal local. Y de arriba mandan un memorándum que dice: "Por favor, cuando hagan los breves no digan: "Sintonicen *Noticias 23* esta noche para obtener más información" —narra John.

En ese momento mi ex compañero pensó que en Telefutura se planeaba producir un noticiero local y —con mucha lógica— supuso que se le pediría que hiciera el segmento meteorológico del mismo. Pero, como ya había sucedido en el pasado, estaba seguro de que se lo "enchufarían" como trabajo extra y sin remuneración alguna.

—Me dije: "Me pedirán que lo haga por cero plata adicional". Entonces, al negociar mi contrato, les pedí: "Por favor, al redactar este contrato nuevo, incluyan que si surge un noticiero a las diez de la noche, además del de las once, ustedes me pagarán una cantidad extra". La respuesta fue un ¡no! terminante. Entonces sugerí: "Vayan arriba (refiriéndose a los altos mandos) y pregunten".

Como podía esperarse, esa respuesta también fue negativa.

Helga Silva, entonces jefa de noticias, fue quien le dio la mala noticia:

—De arriba me dicen que no, porque no queremos sentar un precedente contigo; si hacemos eso en tu caso, tendremos que proceder igual en el de todos los demás.

Morales prosigue:

—Ahí me cerré, me tranqué por completo. El contrato que me ofrecían no era bueno; en cuestión de dinero había aumentos, pero, si combinaba la paga de la cadena y la del canal local, todavía ganaría menos de lo que percibía un meteorólogo principal en un canal regular de Miami.

No obstante, con tono melancólico y un dejo de tristeza, me confesó que si los ejecutivos hubieran accedido a su petición, otra habría sido la historia.

—Pablo, si a mí me hubieran dicho: "Está bien, si nos inventamos un noticiero de Telefutura 69 por la noche, estamos de acuerdo en pagarte un poquito más de plata", ese contrato estaría firmado y hoy yo trabajaría aún para Univisión. Así de cerca estuve de quedarme —me comenta—. Hoy, no me arrepiento ni por un momento de haberme marchado. Sin decirte números, gano más que cualquier meteorólogo en este mercado, y trabajo sólo para Miami.

Y no sólo eso, afirma que las condiciones laborales en Telemundo son muy superiores a las de Univisión en general. En eso coincide con María Celeste Arrarás, María Antonieta Collins y Mauricio Zeilic.

Una semana antes de que terminara su contrato se tragó el miedo visceral de no saber cuánto tiempo estaría sin trabajar en televisión y tomó sus últimas vacaciones como empleado de Univisión.

Nunca más volvería.

—Al fin y al cabo me decidí —expresó mi amigo—. Yo tenía (y aún tengo) una empresa dedicada al pronóstico del tiempo para medios hispanos: radio y periódicos, así como clientes industriales a quienes proveo consultoría durante la época de huracanes. Por ello, me dije: "Suficiente, yo puedo vivir de mi empresa durante los meses que deba respetar la *non compete* (cláusula de los contratos de televisión que estipula que cuando alguien deja la empresa no puede entrar a trabajar con otro medio de comunicación que compita con Univisión) para esperar a ver qué pasa". Confiaba en que un día alguien me llamaría, sobre todo, tomando en cuenta la bendición de que soy completamente bilingüe, o sea, puedo trabajar en la televisión en inglés. Eso me dio más seguridad para hacer lo que hice.

"Recuerdo que el día de mi partida quise despedirme y a las seis de la tarde, sin nada muy melancólico, como que di una señal en el aire de que ésa sería mi última transmisión. No recuerdo lo que mencioné, tal vez algo como: 'Si Dios quiere, nos veremos en el futuro'. Me prohibieron despedirme a las once."

Poco antes del postre (él pidió un *strudel* de manzana y yo un suflé de chocolate), quise saber por qué, si las condiciones todavía no eran favorables para él, el salario que le ofrecían no era lo que aspiraba a ganar y, al parecer, la tecnología no mejoraría, todavía habría firmado el contrato.

—Me inculcaron tanto temor e incertidumbre acerca de mi futuro que lo habría hecho por seguridad, por miedo a lo desconocido —respondió—. No sólo es lo que te dicen y el miedo que crean en ti; la psicología del ser humano está muy conectada con las decisiones que se toman y el miedo a la incertidumbre, a un futuro nebuloso, juega un rol muy importante. Estoy seguro de que la gente que determina quedarse en Univisión muchas veces lo hace porque piensa que no tiene alternativa.

Morales califica de "surrealistas" varias de las conversaciones que sostuvo con los directivos de Univisión, incluido Ray Rodríguez, el presidente de la cadena:

—Por ejemplo, una vez me dijeron: "Te vamos a extrañar mucho, pero recuerda, Univisión es como la Coca Cola, es una marca que jamás se olvida; no importa quién sea el jefe de Coca Cola, quiénes sean las partes de Coca Cola, Coca Cola puede cometer errores y hacer lo que quiera".

"Yo conversaba poco con los ejecutivos de la cadena porque todo dependía del canal local, pero cuando observaron mi seriedad con respecto a irme, lo llevaron al nivel de arriba. Las reuniones acabaron por hacerse en la oficina del presidente y ahí me advirtieron lo mismo que a los demás: "No te atrevas a irte a Telemundo porque te vamos a demandar. No creas que dejaremos que ocurra lo que sucedió con María Celeste. No lo permitiremos. Y si crees que el césped es más verde allá, recuerda que es más gris y está muerto".

Según él, éstas fueron las palabras textuales de Rodríguez al referirse a Telemundo.

Antes de terminar de cenar le pregunté sobre su relación con Tony Dandrades; alguien me comentó que a John no le agradaba en absoluto la forma en la que el ahora reportero de entretenimiento de *Primer Impacto* presentaba el pronóstico meteorológico cuando trabajaba para el canal 23. Dandrades formaba parte de su equipo.

—Tenía a Tony Dandrades también y, por favor, ¿qué conocimiento tiene él para dar el tiempo?

—¿Tenías problemas con Tony?

—Nuestra relación no era buena.

—¿Por qué no?

—Porque él no respetaba el trabajo. Hay dos formas de pararte frente a una cámara para hacer el segmento del tiempo cuando no sabes gran cosa sobre el tema, y muchos terminan por adoptar alguna. Jackie es un ejemplo: ella presenta el tema y aparenta saber lo que dice. Con Tony sucedía lo mismo. La diferencia es que Jackie nunca asegura nada que se haya sacado de la manga o inventado. En cambio, Tony, para explicar algún fenómeno meteorológico, inventaba datos; por ejemplo, cuando hacía calor, podía decir que esto se debía a que los vientos llegaban del Ecuador.

—¿En serio?

—Claro, y es que, en realidad, para el público televidente que no sabe si el viento proviene del Ecuador, de África o de donde sea, esto no significa diferencia alguna. Él podía continuar en el *show*, la gente le creía porque también proyectaba confiabilidad en su tono de voz y en la forma de presentar la información. El problema es que, como resulta obvio, si tú inventas una cosa, ésta no tiene fundamento científico en absoluto.

—¿Alguna vez se lo dijiste?

—Sí, desde luego.

—¿Y qué te contestaba?

—Que él tenía su estilo, ya sabes cómo es Tony, muy jovial.

John Morales hizo justo eso: defender su estilo, su filosofía, sus principios. Por eso se fue. Buscando una tormenta más fácil de pronosticar, durante la cual el viento sople, al menos en ocasiones, a su favor.

8. El gordo perdió la memoria

Me pregunto por qué la fama cambia tanto a la gente. ¿O será que, en realidad, lo que hace es abrirle las puertas a la verdadera persona que se esconde en cada uno de nosotros? Lo único que sé es que los talentosos que se vuelven famosos casi siempre son mucho más humildes y humanos que los mediocres.

Les aseguro que esconderse detrás de Raúl de Molina es fácil. Usted y dos amigos quedarían ocultos por completo, incluso gozarían de buena sombra. Un día vi un cartel muy cómico en un restaurante que decía: "Capacidad: 55 personas", y abajo: ¡"O Raúl de Molina"! ¡Je, je, je!

No hace falta conversar mucho con él, basta observarlo, para darse cuenta de que De Molina está muy consciente de su enorme tamaño. No puede evitar lanzar esas miradas inseguras, investigadoras, como si buscara constantemente al culpable de la próxima burla o gesto despreciativo. No obstante, su ágil salto a la fama le ha dado mucha más confianza y le permite ocultar un poco su "defecto". En otras palabras, ha obtenido el respeto del que nunca gozó durante casi toda su vida.

Pero la historia que aquí les contaré no tiene que ver con su físico sino con su personalidad, con los procesos que atravesó el *paparazzo* hispano más famoso desde que se presentó con el rabo entre las patas a trabajar en *Primer Impacto* hasta el día en que me miró a los ojos y decidió que yo ya no merecía el honor de su saludo.

De Molina llegó a Univisión en 1997, al dar sus frutos la amistad que mantenía con Mario Rodríguez, vicepresidente de programación de la cadena. Su vecino de edificio y mejor amigo logró convencer al presidente, Ray Rodríguez, de que se lo "robaran" a Telemundo, donde el gordo tenía a cargo el segmento de entretenimiento del programa *Ocurrió Así*, conducido por Enrique Gratas.

Mauricio Zeilic se llevó el "tiqui-tiqui" a otro lado

Y así fue que un día nos enteramos de que trabajaría con nosotros en *Primer Impacto*, lo que coincidió con la renuncia de Mauricio Zeilic, quien era, en esos momentos, el encargado de la sección de espectáculos del programa.

Según personas enteradas de la situación, Zeilic renunció en protesta por la llegada del gordo; sin embargo, al entrevistarlo para este libro, Mauricio no quiso ratificar (ni tampoco negar) que ésa haya sido la causa de su decisión. Su respuesta fue: "Tenía que renovarme", algo que me repitió varias veces ante mi cuestionamiento de por qué optó por salir de una compañía a la que perteneció dieciséis años.

—No quise renovar mi contrato —comentó—. Y no hay mal que por bien no venga.

Se refería a que cinco meses después de su renuncia encontró empleo en Telemundo, donde está muy a gusto.

—Aquí me siento mucho más respetado —expresó—. En Univisión te vas y ni siquiera te dan las gracias. En Telemundo, cuando me retire, al menos me van a entregar una bonificación económica.

Un detalle desmiente los rumores de que Mauricio se vio orillado a renunciar por la llegada de Raúl. De acuerdo con el primero, Univisión le ofreció mucho más dinero del que ganaba para que no se fuera y, ante su negativa, los ejecutivos llamaron a tres figuras de reconocimiento mundial —una de ellas es Julio Iglesias y otra podría ser Gloria Estefan, pero él se negó a confirmar nombre alguno— para que intercedieran e intentaran convencerlo de que se quedase. La medida tampoco surtió efecto; su decisión, firme y proveniente de lo profundo de su alma, estaba tomada. No había marcha atrás.

—No quiero hablar de mi pasado —resaltó Mauricio varias veces durante nuestra conversación, aunque con orgullo recordó que la gente congestionó de llamadas el conmutador telefónico de Univisión al enterarse de su partida.

Por su parte, como podrán imaginar, Raúl entró por la puerta grande, no sólo por su tamaño, sino también porque los ejecutivos de la cadena tenían planes de envergadura para él.

Sin embargo, al principio, mientras preparaban y organizaban el lanzamiento de su programa, De Molina fue nombrado para remplazar a Zeilic como presentador del segmento de espectáculos de nuestro programa.

Al principio se comportó como uno más del grupo, cordial, todavía un poco temeroso por la necesidad que todos sentimos, al comenzar un nuevo trabajo, de integrarse, ganarse la confianza de los demás y aclimatarse en un medio tan competitivo y tenaz. Ahora bien, con seguridad en el fondo de su alma lo aliviaba la confianza de tener conexiones excelentes en las esferas más altas de la empresa.

En esa época Raúl era bastante amigable conmigo, se acercaba a hacer preguntas, le interesaba conocer a todos un poco más. Después de todo, antes de su contratación, sólo nos habíamos visto a través de una pantalla de televisión y es raro —como le sucede a la gente que nos encuentra por la calle— ver a alguien en persona por primera vez luego de sólo visualizar su imagen en pequeño, dentro de una cajita.

Su estilo periodístico es muy peculiar. El éxito de su personaje se debió a su manera de contar chismes del espectáculo o a sus travesuras, o a una mezcla de ambos. Esto se reforzó con la costumbre popular de crear ídolos de los seres que, en otras circunstancias, causarían lástima o serían sometidos al ridículo. A la gente siempre le gusta alentar al más débil.

Si bien Raúl piensa que es una figura en la televisión por ser talentoso, en mi opinión el personaje que ha hecho popular se basa casi exclusivamente en el hecho de que es gordo. Esa característica, junto con su irreverencia oculta tras la fachada del gordito bueno, lo han llevado a donde está y le han dado acceso a muchísimo dinero.

Desde su etapa como *paparazzo*, De Molina comenzó a ser tomado en cuenta por los medios de comunicación, sobre todo gracias a su tamaño. Por lo general, en este ámbito pocos fotógrafos logran ser famosos o reconocidos; más bien, las imágenes que captan son las que recorren el mundo y se llevan todos los aplausos. La suerte de Raúl fue que hablaba español y trabajaba en Estados Unidos persiguiendo a famosos en nivel mundial. Esto llamó la atención de los productores de *El Show de Cristina*, quienes, al darse cuenta de que Raúl podía desenvolverse bastante bien frente a las cámaras y entretenía a la gente con sus comentario osados y perspicaces, decidieron invitarlo al programa y exponerlo a los ojos de millones de espectadores hispanos que ven Univisión.

La orden de "arriba" era precisa: buscar chismes y escándalos, y, de no encontrarlos, crearlos. Ésa era la naturaleza de su trabajo. Si no había noticia, debía inventarla y convertirse en el protagonista. Así fue como surgieron escándalos con famosos como Paty Navidad, Andrés García, la modelo Sisi y hasta Myrka Dellanos, con quien se le fotografió tomando un helado para después decir que esto le había causado problemas matrimoniales. Publicidad pura, creo yo.

La corbata

El día que entré a esa sala de espera en el aeropuerto internacional de la Ciudad de México me brillaron los ojos y de inmediato pensé: "¡Raúl, tengo que llamar a Raúl!". Frente a mí, sentados en los asientos del fondo, se encontraban Bibi Gaytán y Eduardo Capetillo, una de las parejas más famosas de México, ambos actores jóvenes. Él, un galán, ella, un bombón.

Pero era lo que traían en las manos lo que me hizo pensar en Raúl. ¡No, no era un sándwich de jamón y queso o una orden de papas fritas! ¡Era un bebé! Días antes me enteré de que la parejita jamás había mostrado a su primer hijo en público, por lo que mi mente de periodista enseguida escribió "Primicia exclusiva" con luces de neón en las paredes de mi cielo.

Faltaban treinta minutos para que saliera el avión y debía actuar con rapidez. Busqué el teléfono público más cercano. ¡Qué suerte!, estaba a pocos metros de la sala. Ya era tarde, cerca de las siete de la noche, por lo que rogué que alguien estuviera todavía trabajando en las oficinas de *Primer Impacto*. Debían informarle con urgencia a Raúl de Molina que en unas dos horas arribaría la gran exclusiva al aeropuerto de Miami.

Por fortuna, el mensaje llegó a tiempo y al salir de la aduana vi primero pasar corriendo a un camarógrafo de Univisión y luego una figura voluminosa que, por la prisa, olvidó sonreírme, aunque me lanzó una breve mirada para establecer contacto. No sé si no le dijeron o no se le ocurrió en ese momento que yo le avisé de la llegada de Gaytán y Capetillo, pero a mí me hubiera nacido agradecer, por simple cortesía, a la persona que me hiciera ese gran favor. Ni siquiera el apuro era un justificativo para no hacerlo conmigo al pasar.

Y es que yo mismo podría haber realizado el reportaje. Venía de trabajar en unas notas en México, tenía a mi camarógrafo conmigo y estábamos listos para grabar. Pero me pareció más lógico para el beneficio del programa que la gente de espectáculos, y en especial Raúl, se llevara toda la gloria y efectuara la entrevista.

El reportaje salió al aire y le hicieron gran promoción. Todo quedó muy bien y después Raúl se encargó de taparme la boca. Se acercó tan pronto me vio y me agradeció repetidas veces lo que hice. Un lindo gesto luego del sabor amargo que me quedó esa noche en el aeropuerto.

A partir de ese día, todo era sonrisas entre nosotros. Creo que unas ocho veces me reconoció mi cortesía profesional. Y, tiempo después, le puso el broche de oro, la crema de chocolate al postre... ¡me regaló una corbata! Excelente, cara, bonita, en tonos verde oscuro y negro. Muy amable de su parte.

Esa atención hizo que "el gordo" empezara a caerme bien, en verdad bien. Aunque no había tenido la oportunidad de conocerlo en profundidad, admito que mi impresión de él en un principio no era precisamente la mejor. Pero ese día, con esa corbata, todo cambió y desde entonces, cada vez que nos veíamos por los pasillos nos saludábamos con una sonrisa o un ademán amistoso.

Pocos meses más tarde los ejecutivos de Univisión decidieron "promover" a Raúl, de acuerdo con el plan trazado al contratarlo. Lo instalaron frente a las cámaras, en un escenario informal, una sala decorada como la de una casa cualquiera, y, junto con Lili Estefan, lo lanzaron al aire en *El Gordo y la Flaca*, de tres a cuatro de la tarde. Cuando cancelaron *El Show de Cristina*, el programa se movió justo antes de *Primer Impacto*, de cuatro a cinco.

El arranque de su programa significó que ya no trabajábamos juntos. Nuestras oficinas estaban muy distantes —él en el segundo piso, yo en el primero—, por lo que no nos veíamos tan seguido como antes; sin embargo, en varias ocasiones nos cruzamos en los pasillos.

La primera vez que lo vi no me saludó, como si no hubiera notado mi presencia. Me pareció extraño, pero no le di mayor importancia porque cualquiera puede estar distraído y no ver a nadie a su alrededor. Además, comprendía muy bien que su mente estuviera en otro lado debido a las tensiones naturales de tener un programa nuevo.

Ya la segunda vez que sucedió lo mismo, pensé que su actitud resultaba sospechosa, aunque tenía otras cosas más importantes por hacer que preocuparme por si alguien me saludaba o no. Aun así, confieso que con el tiempo me molestaba cada vez más la actitud altiva y soberbia que comenzó a mostrar hacia mí y, por supuesto, casi todos los demás compañeros de *Primer Impacto*.

En cierta ocasión, al encontrarlo en los pasillos, aproveché la oportunidad para acercarme con el fin de ver cómo reaccionaba. No podía creer que aquel compañero de trabajo a quien le había hecho ese gran favor, que tuvo la delicadeza de agradecérmelo con un regalo, que conocía de memoria mi cara, mi nombre y mi apellido, de repente se hubiera olvidado de mí. Me saludó como por obligación. Una tenue sonrisa, una mueca que pareció más de compromiso que de simpatía. Bajó la mirada de nuevo y siguió su camino.

Entonces mis lamparitas se encendieron, todas a la vez, como un mini Las Vegas de la vergüenza: ¿sería posible que a mi ex colega, aquel hombre sensible y generoso, detallista y atento, se le hubiera subido la fama a la cabeza? Hasta cierto punto esto podría entenderse, si tomamos en cuenta que cuando uno crece en el aspecto profesional la satisfacción puede transformarse en soberbia. Pero ¿conmigo? ¿Con alguien que trabaja en lo mismo, un colega, quien lo ayudó de alguna manera en sus comienzos cuando hacía "buena letra" para lucirse ante los de arriba?

Por desgracia, era cierto, lo comprobé muchas veces. Sólo un día en que casi me atropella al doblar una esquina de los pasillos de Univisión me dijo "¡Hola!", pero creo que fue porque si no lo hacía hubiera sido demasiado evidente su actitud tan grosera.

Al percatarme de su cambio preferí relegarlo al fondo de mi mente y seguir con mi trabajo como si no existiera. Después de todo, ¿quién quiere a una persona así como amigo?

Alguien que también tuvo que soportar esa transformación fue nuestra jefa, María López. Luego de la partida de Alina Falcón, directora de noticias de Univisión, para dirigir la cadena Telefutura, María fue nombrada covicepresidenta de noticias, junto con Silvia Rosabal. Silvia estaría a cargo de la parte de noticias y María, de *Primer Impacto*, *El Gordo y la Flaca*, y varios otros programas considerados como "de entretenimiento".

Pues bien, luego de su estrepitoso salto a la fama, nuestro amigo De Molina empezó a enfrentarse cada vez más a la única persona que tenía poder sobre él en el departamento de noticias. Y cuando entraba a la oficina de la jefa podían percibirse las voces propias de los ánimos caldeados a una distancia de veinte metros. Mi posición era privilegiada, ya que mi escritorio quedaba a unos pasos de allí. Y, además de escuchar el tono de las discusiones, también fui testigo de las quejas constantes de María acerca de los comentarios fuera de lugar que Raúl hacía en el aire.

Y como ella no duda en decir lo que piensa con pelos y señales, muchas veces lo llamaba a reuniones imprevistas para comunicarle su opinión. Éstas, en muchos casos, concluían con la salida ruidosa del gran divo con una cara que indicaba: "¡Mejor no te acerques porque te puedo morder!".

Raúl y Myrka

En cierto momento muchos llegamos a pensar que el gordo estaba enamorado o, al menos, tenía una cierta debilidad por Myrka Dellanos. Con frecuencia se le veía sentado ante el escritorio contiguo al de ella, charlando antes de que comenzara el programa. Luego, cuando ya era conductor de su propio *show*, muy a menudo mencionaba a la conductora de *Primer Impacto*.

Myrka reía, el gordo le parecía divertido. Se notaba que estaba pendiente de su programa porque subía el volumen de su televisor a la hora en que éste salía al aire. Todos los comentarios de Raúl eran con doble sentido y, en forma no muy encubierta, externaba su admiración por Myrka. Parecía, más que nada, el jugueteo de un niño caprichoso que buscaba su atención.

Ella sabía que eso, más allá de la publicidad adicional que les trajo a ambos el que se especulara que podrían sostener un romance, era un jueguito que le gustaba a la audiencia. Por eso nunca se enojó al escuchar los comentarios que Raúl hacía al aire. Sólo ponía cara de sorprendida, abría la boca y se la tapaba como diciendo: "¡¿Qué dice este hombre?!".

Les aseguro que si a los directivos de la cadena les hubiera parecido perjudicial o fuera de lugar el *affair* entre el gordo y la diva, éste no habría durado ni cinco minutos.

Las cosas cambiaron un poco a raíz del día en que Myrka se presentó en Univisión al volante de un lujoso Mercedes Benz rojo valuado en más de cien mil dólares que, supuestamente, le regaló Luis Miguel. Al enterarse, el gordo mandó a un camarógrafo a grabarlo para mostrarlo en el programa y, por supuesto, consumir un bloque entero haciendo comentarios sarcásticos y poco informativos sobre el romance de la presentadora y el cantante.

Myrka se enteró —tal vez por medio de los empleados de seguridad— y de inmediato habló con los altos mandos. El video nunca salió al aire. El gordo se había metido en un terreno escabroso: el romance que ella sostenía con Luis Miguel y con respecto al cual la conductora de *Primer Impacto* actuaba con discreción, respetando —creo yo— la privacidad que siempre ha exigido su pareja.

Nunca quedó claro si el automóvil fue en realidad un regalo o si lo compró ella. En esos días su hermetismo en torno al noviazgo era tan evidente que nadie se atrevía a preguntarle nada. Además, dado que no tenía muchos amigos en el canal, todo quedaba bien encerrado dentro de su silencio.

9. Diez años, a la basura

A principios de 1994 los directivos de Univisión decidieron limpiarle la cara y cambiarle el nombre al programa de las cinco de la tarde, hasta entonces llamado *Noticias y Más*. En realidad, este título no representaba con fidelidad el estilo del mismo; hacía demasiado hincapié en la parte informativa, a sabiendas de que el segmento noticioso ocupaba sólo el primer bloque y que no se presentaban las "noticias tradicionales", sino una recopilación de los hechos más escandalosos y visualmente más impactantes del día.

Por otro lado, *Noticias y Más* tuvo muchos presentadores, como Jackie Nespral y Raúl Peimbert, el chileno José Grey —un experimento de María López que jamás entendí porque el pobre no sabía hablar frente a la cámara—, y, por último, María Celeste y Myrka. Ahora, los directivos, confiados por fin de haber encontrado la fórmula mágica para lograr el éxito en ese horario, decidieron que era necesario empezar de cero, con nueva energía y, por qué no, con un segundo bautizo.

Dado lo anterior, se pensó mucho y se efectuaron estudios de mercado y grupos de enfoque. Con base en los resultados surgió la idea de llamarlo *Primer Impacto*, título que sorprendió a muchos. Y es que al principio sonaba raro, pero, como siempre sucede, después de mucho repetirlo, todos se acostumbran y ni siquiera cuestionan su origen o el significado de las palabras. Si no, ¡piensen en la marca "Coca Cola"!

Otro aspecto por considerar en esta cuestión del nombre es que quienes toman decisiones en Univisión son, en su mayoría, hispanos de segunda generación y su dominio de la lengua española no es precisamente muy bueno. Tal vez lo que les gustó fue la repetición de la letra *p*, o pensaron que era fundamental incluir, aunque fuera a la fuerza, la palabra *impacto*. Lo cierto es que así quedó.

Hasta aquí el tema del origen del nombre del programa, del inicio de nuestra historia.

En agosto del mismo año Univisión me contrató para trabajar como corresponsal con sede en Miami, lo que me convirtió, automáticamente, en uno de los pioneros de *Primer Impacto*.

Los años siguientes acarrearon un cúmulo de éxitos y satisfacciones. Todo iba muy bien, pese a los cambios que el paso del tiempo trajo consigo.

De ahí que pareciera lógico y justo que, diez años más tarde, en 2004, nuestra jefa María López decidiera celebrar el décimo aniversario con la presentación de un programa especial en el que se resumirían los momentos más importantes del mismo.

Para ese entonces, María Celeste Arrarás ya no formaba parte del programa y conducía *Al Rojo Vivo* en la cadena

Telemundo, mejor conocida como "la única competencia de Univisión en Estados Unidos". Eso implicaba que en ningún momento podía aparecer su imagen, ni mencionarse su nombre ni hacerse referencia a ella, a pesar de que durante casi toda esa década fue una de las figuras más importantes de *Primer Impacto*. En mi opinión, su presencia era mucho más fuerte y aportaba más credibilidad a éste que la de Myrka.

La tarea de producir semejante proyecto cayó sobre los hombros de mi gran amiga y jefa inmediata, la productora general Pilar Campos, excelente persona y experimentada profesional, cuya tarea diaria es coordinar todos los aspectos operativos, el contenido y la integridad editorial del programa. En fin, se encarga de que salga al aire el mejor producto posible, claro, bajo el constante acecho y hostigamiento de la "madre superiora", María López.

Pilar, una española de cinco décadas, de aspecto nervioso, con acento medio mexicano, medio ibérico, y que fumaba entonces como un escuerzo, debía soportar día con día los embates del pequeño monstruo de pelo rubio. María solía descargar su furia contra ella cuando las cosas salían mal, aunque no fuera su culpa, y no la felicitaba cuando algo marchaba bien. Además, nunca le permitió gozar de autonomía para tomar las decisiones importantes, ya que siempre quería tener control sobre todo y todos en el departamento. Sin embargo, por fortuna para Pilar, López la necesitaba porque no hay una persona más capacitada que ella para tomar las riendas de un programa tan complejo como *Primer Impacto*.

Los preparativos comenzaron a mediados de 2003. El especial de aniversario debía salir al aire en los primeros meses de 2004 y era necesario dejar muy claro cuáles de los cientos de historias que se presentaron en todo ese tiempo merecían incluirse. Este minucioso proceso consumió una enorme cantidad de tiempo de productores y reporteros, a quienes se nos asignó la tarea de elegir los reportajes que consideráramos los mejores para formar parte del especial.

Pilar pensó que sería buena idea incluir los testimonios de algunos reporteros, sobre todo los más antiguos. Así la gente tendría una visión más íntima de lo que sucede tras bambalinas mientras viajamos o vivimos experiencias de todo tipo al cubrir historias de profundo atractivo para el programa. El especial incluiría, además, una enorme cantidad de estadísticas y datos interesantes para el espectador, por ejemplo, cuántas millas habíamos recorrido en nuestros viajes —por cierto, yo fui el ganador en esa lista—, hechos anecdóticos y mucho más.

Para grabar las entrevistas Univisión pagó los pasajes y las estadías de los reporteros que podían viajar a Miami desde lugares como México, Colombia o El Salvador, así como ciudades en el interior de Estados Unidos, entre ellas Los Ángeles o Nueva York. Pilar nos comunicó que, para poder concentrarse en las entrevistas, lo mejor sería que todos llegaran en la misma fecha. De tal modo, durante dos o tres días se realizaron todas; en ellas se plantearon diversas preguntas relacionadas con, por ejemplo, los hechos más sobresalientes que presenciamos o reportamos, los momentos más tristes o alegres y los personajes que recordábamos mejor.

En esos días disfruté la agradable oportunidad de encontrarme de nuevo con muchos colegas y compañeros de trabajo que conociera en mis viajes o en sus estancias en Miami, lo mismo que de ver frente a frente a quienes sólo conocía en televisión.

Con toda la parte de video resuelta, sólo restaba terminar de escribir el programa para pasar a la etapa de producción. En ésta se armaría cada uno de los bloques y Myrka Dellanos grabaría las presentaciones de los segmentos en el estudio especialmente preparado para la ocasión.

Por desgracia, eso nunca sucedió. Poco tiempo antes de grabar su parte, Myrka dejó *Primer Impacto* por las razones que ya les comenté en capítulos anteriores. Y así fue como todo el esfuerzo, dinero y tiempo que habíamos invertido en este fabuloso y merecido homenaje se fue a la basura.

A los directivos de Univisión no les importó que todavía quedasen en el programa muchas personas capaces de finalizar el proyecto con profesionalismo y dignidad. No buscaron una solución, simplemente dijeron: "Sin María Celeste o Myrka no hay aniversario". De hecho, con toda tranquilidad podríamos haber realizado el programa nosotros mismos, los que permanecíamos, los que viajamos por el mundo arriesgando nuestras vidas, lejos de la familia, por tanto tiempo. Cada uno habría presentado un segmento. Incluso olvidaron que contaban con otros tres presentadores capaces de hacer el trabajo: Bárbara Bermudo, Carmen Dominicci y Fernando del Rincón. Si bien llevaban poco tiempo en el programa, los espectadores ya estaban familiarizados con su imagen y los asociaban perfectamente con *Primer Impacto*. Quienes trabajamos en el medio sabemos que en televisión todo es posible. ¿Conocen a alguien que se atreva a debatírmelo?

Estoy seguro de que podían encontrar un ángulo ingenioso para no robarnos a todos los que quedamos la posibilidad de celebrar a lo grande tantos logros, satisfacciones y esfuerzos. En cambio, lo que nos dieron fue otra cachetada. Por cierto, a este respecto María Celeste me comentó que le hubiese parecido un gran insulto que sacaran el programa al aire eliminando cualquier mención de su nombre, tras haber sido una parte tan importante de él durante esos diez años. Pero ése era el plan original: borrarla por completo del homenaje. Un día hablé sobre este asunto con Pilar Campos, la productora responsable del proyecto, y me dijo que tenía órdenes de arriba de no incluir ninguna imagen, ni siquiera el nombre, de la ex conductora del programa.

Como muchos otros, los ejecutivos se equivocaron al pensar que el programa lo hacen quienes leen frente a la cámara. Esto a pesar de todas las evidencias de lo contrario: la historia demuestra que nunca importó quién lo presentara, fueran las divas o un remplazo temporal, los *ratings* siempre se mantuvieron iguales. Incluso después de que se calmó la curiosidad de ver a María Celeste como conductora de *Al Rojo Vivo* en el canal competidor, el público volvió a sintonizar *Primer Impacto* con el mismo interés que cuando ella formaba parte del programa. Mary misma me dijo en muchas ocasiones que, si no fuera por los que salíamos a "partirnos el trasero" a la calle, *Primer Impacto* sería un completo fracaso.

Nunca hubo una explicación oficial de la cancelación del programa. Por suerte para los directivos, éste no llegó a anunciarse; de otra manera, habrían estado en un verdadero aprieto logístico al tener que comunicarle el porqué a la audiencia. Y les aseguro que la verdadera razón nunca se habría revelado.

Desde luego, sí se anunció que en 2004 *Primer Impacto* celebraba su décimo aniversario. Lo que por fin se decidió hacer fue declarar febrero como el "mes de aniversario" y cambiar los gráficos que por lo regular se utilizan durante el programa por otros en los que se mencionaba la celebración de los diez años. También incluyeron algunos de los reportajes más sobresalientes y mencionaron datos curiosos y estadísticas. Pero nada de eso pudo quitarnos la amargura y la frustración al pensar que minimizaban, casi ignoraban, una década de esfuerzo, dedicación y sacrificio por nuestra parte a favor de una empresa, de un proyecto, de una visión.

Se habló también de realizar un especial para ponerlo en la página de Internet. Con este fin me entrevistaron, lo mismo que a otros reporteros. Me pidieron información y algún reportaje mío para publicarlo en univision.com, como parte de una presentación en homenaje a los diez años del programa. Eso tampoco se materializó. Es más, en estos momentos no hay mención alguna en el portal de la compañía de que *Primer Impacto* lleva todo ese tiempo en el aire. ¿Qué habrá pasado, lo olvidaron? Demasiada casualidad, ¿no creen?

Ahora que lo miro a la distancia, pienso que nada de lo ocurrido debería sorprenderme. Univisión nunca se caracterizó por ser una empresa interesada en la gente que trabaja para ella. Nosotros siempre fuimos números, cifras, salarios, cuerpos que resuelven sus asuntos y problemas. Pobre de aquel que se atreva a enfrentarlos y, con honestidad, decirles lo que piensa, disentir y criticar sus políticas. Antes de hacerlo, recomiendo que se asegure de tener otro empleo. Ah, y si a uno lo echan o se va, lo mejor será que se olvide de regresar. Ellos mismos lo advierten a todos: ¡el que sale de Univisión no vuelve a trabajar en la empresa!

Muchas veces pensé preguntarle a María López por qué cancelaron el programa de aniversario; pero sabía que la respuesta sería la usual: mirarme con expresión de "vete antes de que te despida". En cambio, sí le planteé mi inquietud a Pilar, quien me respondió que, si bien no había una versión oficial de los hechos, estaba segura de que se debía a la renuncia de Myrka.

—¿Por qué no hacemos el programa nosotros? —inquirí.

—Es buena idea y creo que es factible hacerlo, pero María ya tomó la decisión de cancelarlo y punto —me contestó.

Entonces me di cuenta de que durante diez años lloré esa lágrima, la que rodó por mis mejillas al salir de su oficina.

10. Si Gloria Trevi estornuda, hagamos un especial

Nada puso más en ascuas al departamento de noticias de Univisión que la escandalosa vida criminal de Gloria Trevi.

En 1999 la cantante mexicana se fugó de México con su amante y apoderado Sergio Andrade, ambos acusados de abuso sexual de menores. Su paradero fue un misterio hasta que, siete meses más tarde, se les localizó en Brasil.

Si bien éste tal vez haya sido el final de la vida como prófugos de la justicia para la pareja más famosa de México en ese entonces, para los empleados del departamento de noticias de Univisión, en especial los de *Primer Impacto*, representó el principio de una verdadera pesadilla.

Nunca en la historia del programa se echó mano de tantos recursos y tiempo de sus empleados como se hizo para cubrir este caso. Ningún detalle se dejó de lado. Se los aseguro.

En tanto que Univisión no envió corresponsales a eventos de tanta trascendencia mundial como la muerte del Papa

Juan Pablo II, la guerra de Iraq —mientras duró ésta— o el atentado terrorista de Madrid, para cubrir las andanzas de la pareja Trevi-Andrade la cadena tuvo periodistas estacionados en Río de Janeiro durante semanas, mandó desde Miami a varios productores y camarógrafos, y movilizó personal en todo México. Los gastos no parecían ser problema, siempre y cuando se lograra informar de alguna novedad sobre la diva y su representante o una de las jovencitas ex miembros del clan.

La razón es muy simple: todos los involucrados son mexicanos y el objetivo principal, la única audiencia que parece importarle a Univisión, es la de los inmigrantes provenientes de México. Aunque, sin duda, ellos conforman la mayoría de los hispanos que viven en Estados Unidos, también hay otras comunidades latinas muy grandes que por lo general son ignoradas.

El énfasis de la cadena es comprensible porque, puesto que miles de mexicanos cruzan todos los días la frontera norte, es posible afirmar, sin temor a equivocarnos, que la audiencia de las cadenas hispanas es la única que aumenta a diario.

No sucede lo mismo con los demás canales estadounidenses, los cuales deben competir a muerte por un segmento del mercado de habla inglesa.

Como es lógico, Univisión conoce muy bien las características de sus espectadores. En un seminario que el departamento de investigación de audiencias de la empresa impartió a sus reporteros, nos comunicaron que el lenguaje que debe utilizarse en los reportajes de noticias debe ser fácil de entender para un grupo demográfico específico: campesinas mexicanas que no alcanzaron mayor educación que el quinto grado de la escuela primaria. Desde luego, con esta medida se subestima el nivel de preparación de todos los televidentes más educados que ven los mismos programas.

Lo anterior también parece explicar por qué Univisión demandó en 2004 a la empresa de medición de audiencia Nielsen, cuando ésta intentó realizar un estudio de mercado más profundo y detallado para determinar quiénes ven en realidad su programación. Tal estrategia hubiese puesto al descubierto el verdadero poder adquisitivo y educativo de la mayoría de los televidentes de la cadena hispana, lo cual, sin duda, afectaría enormemente sus ingresos por concepto de publicidad. De igual manera, se habría dado a conocer el hecho de que son pocas las personas bilingües que ven Univisión, no sólo porque su programación es poco variada y en su mayor parte consiste en telenovelas envasadas, sino porque las opciones que ofrecen los cientos de canales en inglés son más tentadoras y educativas.

El precio del segundo de publicidad se determina por la cantidad de personas que ven cada programa, así como por cuánto dinero poseen para gastar en los productos anunciados. Obviamente, las mexicanas que no superaron el quinto grado de primaria y trabajan en el campo recogiendo vegetales no representan un grupo atractivo para las grandes corporaciones que anuncian sus productos en Univisión, y los directivos de la cadena lo saben.

Dado lo anterior, y en tanto no se demuestre lo contrario con respecto a su nicho de mercado, la cadena cubre los asuntos mexicanos como si fueran los únicos que le interesan a la audiencia. Por ejemplo, la muerte de María Félix, el asesinato del animador de televisión Francisco "Paco" Stanley, la boda de Thalía, etc. Esto no significa que no le presten atención a otros asuntos latinoamericanos; de hecho, yo mismo participé en coberturas de acontecimientos como la toma de la embajada de Japón en Perú, el derrocamiento de Chávez y la visita del Papa a Cuba. A lo que me refiero es que todo lo que sea mexicano merece mucha más atención, sin importar su trascendencia o importancia.

Y el caso de Gloria Trevi les vino como anillo al dedo. Contaba con todos los elementos de un enorme escándalo: sexo, drogas y abuso de menores, y un gran número de personas tenía mucho qué decir al respecto.

Así nació una broma entre nosotros: "Espero que hoy Gloria Trevi no estornude o se tire un pedo porque tendremos que quedarnos a hacer un especial de una hora".

En efecto, en varias ocasiones todo el equipo de *Primer Impacto* quedó al pendiente de algún veredicto o anuncio relativo al caso, listo para armar, a toda prisa por el poco tiempo disponible, un programa especial de una hora para analizar lo sucedido. Ello implicaba, además, interrumpir la programación habitual, lo que dejaba sin su *show* regular de las diez de la noche (*Primer Impacto, Edición Nocturna*) a millones de personas, muchas de ellas indiferentes al caso de la Trevi y su clan o bien, hartas del mismo.

Si las novedades no eran suficientes para llenar un especial completo de sesenta minutos, los altos mandos de *Primer Impacto* recurrían a modificar gran parte del programa que en la costa oeste de Estados Unidos se transmitía dos horas después de terminar la versión del este. Por la diferencia de horario —tres horas detrás—, a las ocho de la noche de Miami —cinco de la tarde en Los Ángeles, por ejemplo— comenzaba *Primer Impacto* en California y todos los estados colindantes con el Océano Pacífico.

Esto era en particular importante para los encargados de la programación de Univisión porque gran parte de la comunidad mexicana de Estados Unidos vive en la costa oeste y las mediciones de audiencias indicaban que los *ratings* crecían en la zona cuando se presentaban novedades sobre la Trevi.

Eso sí, era indispensable escribir los textos informativos de modo que los entendieran las campesinas semianalfabetas que, rendidas tras soportar desde la madrugada el agobiante sol californiano, llegaban a casa a atender a sus hijos y esposos, y, para esa hora, tal vez no les quedaba fuerza siquiera para oprimir el botón del control remoto y cambiar de canal.

Un dato interesante que aprendí en mis años de trabajo y en mis viajes dedicados a realizar reportajes de interés para los hispanos es que en muchos de los hogares de éstos en Estados Unidos sí se enciende el televisor y se sintoniza Univisión. Sin embargo, las mujeres —esto es, las que se quedan en casa— lo hacen para que las acompañe todo el día. Ven ciertos programas y captan algunas noticias, pero, como es natural, ocupadas en su quehacer, la mayor parte del tiempo oyen sin escuchar y no fijan la mirada en la pantalla. Entonces, aunque la sintonía alcance altos números, esto no quiere decir que presten atención…

11. *Ratings* con siliconas y racismo

—Dos docenas de sándwiches de miga y una torta "mil hojas" —le pedí a la empleada de la ya difunta panadería Buenos Aires de Coral Gables.

Le pagué y fui hacia la puerta. No llegué a tocar el picaporte cuando se escuchó el timbre de mi teléfono celular. Era Mari García, una de las productoras de *Primer Impacto*.

—Hola, Pablito, te llamo porque no tenemos reportaje sobre sexo para el *show* del martes por la noche —me comunicó, preocupada.

—Mari, estamos apenas a cuatro días, ¿no tienen otra cosa para incluir? —respondí.

—Son órdenes de María López. Tenemos que preparar algo sobre sexo para el martes y yo sé que tú eres el único capaz de lograr algo así en poco tiempo —replicó.

Mari me conocía bien, pues había trabajado muchos años conmigo, desde mi etapa como corresponsal de *Noticias y*

Más en San Francisco, California. Por tanto, estaba segura de que no le fallaría.

—No te preocupes, mi amor, lo haré —le confirmé.

No tenía la menor idea de qué podía inventar. Era viernes y el tiempo estaba apretado: sábado y domingo para grabar el segmento, lunes para escribir el texto y martes para editarlo para *Primer Impacto, Edición Nocturna*, el programa transmitido a las diez de la noche, conducido por Niurka y María Celeste.

Caminé unos metros y metí la mano en una de esas cajas donde se consiguen revistas gratuitas. Allí siempre se anuncian negocios de espectáculos y servicios vinculados con el sexo. Iba en busca de cualquier cosa que me diera una clave de lo que debía hacer.

Llevé a casa —escondida para que no la vieran mis hijos— una de estas publicaciones y la leí de principio a fin. Nada. Decidí acudir a uno de los videoclubs donde venden o alquilan material pornográfico pues en ellos se ofrecen revistas con todo tipo de materiales sobre sexo, anuncios personales, direcciones y demás datos de proveedores de servicios relacionados.

Aún no sabía qué haría, pero de ninguna manera dejaría de cumplir mi compromiso con Mari, una excelente persona y amiga. Además, no deseaba en lo más mínimo escuchar las quejas de María López, a quien siempre preferí mantener a cierta distancia para poder vivir en paz.

¡Bingo! En la segunda revista encontré un artículo sobre un fotógrafo especialista en mujeres desnudas que, además, era latino. ¡Excelente! Ahora sólo requería algunos detalles: establecer contacto con él en el número telefónico publicado en la revista; rogarle a Dios que hablara español —para que la entrevista fuera en ese idioma—; procurar darle un ángulo interesante a su trabajo de manera que el reportaje fuera atractivo; lograr que una o dos de sus modelos consintieran en salir semidesnudas en televisión —nunca mostrábamos pezones ni partes íntimas—, y, además, que el fotógrafo estuviera de acuerdo en trabajar para nosotros durante el fin de semana sin haberle avisado por anticipado.

Para mi fortuna, el señor, que sí hablaba español, se entusiasmó con la idea de aparecer en televisión —factor que siempre jugó a mi favor en mi carrera— y el domingo por la mañana una joven amiga suya prestó su cuerpo y su desnudez para realizar el reportaje. El tema: el arte de fotografiar un cuerpo desnudo con buen gusto. ¿Banal en términos periodísticos? Tal vez, pero para mis propósitos bastaba.

De esta manera cumplí el objetivo de la cadena, presentar imágenes eróticas en *Primer Impacto, Edición Nocturna*.

Por este y otros reportajes similares me apodaron "El Reportero Erótico" (al menos así me llamó María Celeste en una presentación con todo el elenco de *Primer Impacto* que hicimos en *El Show de Cristina*). No se trata de un sobrenombre que me llene de orgullo, pero mis productoras sabían que si combinaban mi habilidad y profesionalismo como periodista con mi "mente abierta", siempre podrían obtener un reportaje bien hecho, razonablemente erótico y lleno de matices que atraparan al público.

Menciono este ejemplo porque en esa época y por un periodo bastante largo —hablo de 1995 y 1996—, la política de Univisión se enfocaba en el erotismo para atraer a la audiencia. El departamento de promociones recibía órdenes estrictas de usar curvas femeninas y personas bellas en cualquier publicidad de la cadena.

Además, corría el rumor de que se prohibía poner al aire a gente de color, de no ser estrictamente necesario. Esta política afectó durante un buen tiempo a Tony Dandrades, reportero de espectáculos, de raza negra y origen dominicano, quien no entendía por qué Univisión no promocionaba sus reportajes. Cuando se enteró de lo que sucedía, amenazó a las altas esferas con entablar una demanda por discriminación. Por fin, su imagen comenzó a salir más en la pantalla y hasta hoy se dice que Univisión no se anima a echarlo por miedo a que la decisión se interprete como una actitud racista o discriminatoria.

Pues bien, gracias a los reportajes de corte erótico, muchos estadounidenses que no hablan español me comentaban al enterarse de que trabajaba para Univisión: "Oh, el canal de las mujeres bonitas", aludiendo a las actrices de las telenovelas y las modelos de *Sábado Gigante*. Según ellos, veían la programación por dos razones: el futbol y las curvas, y al decir esto último acostumbraban dibujar con las manos la silueta de una mujer.

No se sabe si alguna vez los directivos de Univisión se propusieron transformar a la cadena en una especie de *Playboy* encubierto o si, sencillamente, se trataba de una táctica de ventas para acaparar mayor audiencia.

De lo que sí estoy convencido es que a las campesinas mexicanas eso no les quitaba el sueño. Después de todo, a ellas las tenían aseguradas con historias y reportajes sin mayores complicaciones, o con telenovelas que casi siempre abordaban el trillado tema de la jovencita pobre que se enamoraba del patrón rico o que era heredera de una enorme fortuna, hecho que todos a su alrededor intentaban ocultar para evitar que llegara a sus manos.

La estrategia parecía ser, entonces, conquistar también a sus maridos.

Sin embargo, a partir del año 2000 los pedidos de reportajes eróticos comenzaron a ser menos frecuentes. No hubo censura implícita al respecto, pero era obvio que se tomó la decisión de bajar el tono caliente de las historias. Yo me percaté del cambio de postura cuando, al proponer algún tema un tanto arriesgado o erótico, lo rechazaban con el argumento de que era demasiado "fuerte".

Unos meses antes, esas mismas historias se habrían utilizado para abrir el *show* de la noche, galardón reservado siempre a los reportajes más atractivos. La razón de tal cambio de tendencia nunca quedó muy clara o, al menos, no me la comunicaron de manera oficial. Sin embargo, estoy seguro de que se debió a que, a medida que salían los reportajes "arriesgados" al aire, se empujaban los límites del buen gusto a niveles demasiado peligrosos. Por consiguiente, los ejecutivos comenzaron a temer que se les sometiera al escrutinio de la Comisión Federal de Comunicaciones, organismo que regula la moralidad en la televisión de Estados Unidos.

Lo que en definitiva cambió todo fue el incidente del pezón al aire de Janet Jackson durante el medio tiempo del *Super Bowl* 2004. A partir de ese momento se desencadenaron los memorandos y las charlas sobre los límites de la moralidad en los programas de Univisión, algo absolutamente inimaginable pocos años atrás.

12. Una palmera entre la vida y la muerte (el accidente de Carmen Dominicci)

La noche del 28 de julio de 2004 la policía de Miami recibió una llamada en la que se solicitaba auxilio. Un lujoso automóvil Mercedes Benz se había estrellado contra una palma en una calle de la zona residencial del Doral, muy cerca de Univisión.

Cuando llegaron a prestar ayuda encontraron a una mujer de cabello negro, ojos azules y vestida con elegancia, quien había perdido el conocimiento.

Las personas que la asistieron la identificaron como Carmen Dominicci, conductora en ese momento de *Primer Impacto Fin de Semana*. Más tarde, en un hospital de Miami se determinó que sufría fractura de clavícula y de dos costillas. El resto del cuerpo había recibido golpes, pero de menor gravedad.

En una conversación telefónica que sostuve con Carmen tiempo después del accidente, me contó que esa noche cenó sola en un restaurante de la zona y que tomó únicamente una copa de vino; eso descartaba la posibilidad de que el alcohol fuera la causa del percance.

—¿Recuerdas qué sucedió? —le pregunté.

—Sólo recuerdo mi salida del restaurante y el momento cuando abrí los ojos en la habitación del hospital. Lo ocurrido mientras tanto nunca pude recordarlo —fue su respuesta.

Lo que sí sabe bien es que, de no ser por esa palmera, su automóvil habría caído al fondo de un lago que se encontraba justo a pocos metros de donde ella se estrelló.

—Imagínate, un auto negro a las diez y media de la noche, en la oscuridad, y yo inconsciente. Quién sabe, tal vez me hubiera ahogado —me dijo.

El dolor de las heridas la obligó a ausentarse de su trabajo más de dos meses. El automóvil, valuado en unos ochenta mil dólares, estuvo el doble de tiempo en reparaciones como consecuencia de la fuerza del impacto.

Carmen nunca habló del tema con los medios de comunicación, lo que dio lugar a muchas especulaciones. Se dijo que se inclinó para recoger el control remoto de la puerta de su garaje que se le había caído y, sin querer, apretó el acelerador del auto chocando con violencia contra un árbol.

A mí me contó con lujo de detalles todos los hechos anteriores y posteriores al desafortunado incidente, mismos que describo para ustedes a continuación.

En ese momento de su vida Carmen atravesaba por una enorme crisis personal. Poco tiempo antes había terminado la relación con su novio Fernando del Rincón, presentador semanal de *Primer Impacto*. La ruptura fue traumática y perturbadora para ella; enfrentaba otro fracaso sentimental luego de un matrimonio violento y conflictivo con el actor portorriqueño Osvaldo Ríos, acusado por Carmen y otras ex parejas de haber abusado de ellas en los aspectos físico y psicológico.

En una de nuestras conversaciones en los pasillos de Univisión, Fernando del Rincón me confió que una noche, poco antes del accidente, a la salida de una fiesta y visiblemente intoxicada, ella tomó el volante de su automóvil —el mismo Mercedes Benz— y emprendió el regreso a su casa a gran velocidad.

Venían discutiendo. En esos momentos la relación entre ambos ya se veía amenazada y hablaban de separarse por completo. Fernando, asustado por la velocidad a la que avanzaban, le pidió a Carmen que lo dejara conducir, pero ella se negó.

El enfrentamiento se volvía cada vez más acalorado. Su novia subía el tono de voz y actuaba en forma errática. En un momento dado, lo único que le importaba a Fernando era que bajara la velocidad y se tranquilizara; pocas veces había temido tanto morir.

Por fin la joven entró en razón y detuvo el automóvil, pero lo hizo justo a la par de un vehículo de la patrulla de caminos de Florida. Ambos miraron asustados al oficial quien, sorprendido, bajó la ventanilla y les preguntó si todo estaba bien. Ellos respondieron que sí, que la conductora no se sentía bien y habían decidido intercambiar lugares. Fernando tomó el volante y llegaron a salvo a su casa.

Pocas horas después de ese incidente la pareja estaba separada.

Al mismo tiempo, Carmen enfrentaba una profunda crisis laboral. Su trabajo como presentadora de *Primer Impacto* los fines de semana no le permitía dedicar tiempo a su hijo adolescente, a quien casi no veía durante la semana: Giuliano iba a la escuela temprano y ella llegaba tarde a casa, cansada. Su razonamiento era: "En poco tiempo mi hijo se irá a la universidad y quiero aprovechar estos tres o cuatro años para pasar más tiempo con él".

Como sabía que era casi imposible que le asignaran el puesto de presentadora durante la semana —ya habían decidido que Fernando sustituyera a Myrka, aduciendo que él tenía más antigüedad en la empresa que Carmen—, el día del accidente ella decidió hablar con Silvia Rosabal, una de las directoras de noticias. Le preguntó si podrían nombrarla presentadora del noticiero del fin de semana, en sustitución de María Antonieta Collins, quien había salido de Univisión unos meses antes. La respuesta negativa la hizo sentir muy mal: descontenta con su trabajo, sin opciones aparentes y en medio de una crisis con su hijo, quien mostraba señales de inestabilidad emocional. Al mudarse ambos a Miami quedaron muy solos, no tenían familiares cercanos en la ciudad y, para colmo, pocos días después Osvaldo Ríos se instaló en el mismo complejo de apartamentos en el que ellos vivían.

Un día, Carmen, quien se preparaba para grabar unos segmentos en Univisión, recibió un llamado urgente de la escuela de su hijo. Le avisaron que Giuliano intentó cortarse las venas de los brazos con *clips*. Angustiada, dejó lo que hacía y corrió a buscarlo. Según me contó en nuestra conversación telefónica, el adolescente entró en una terrible crisis, atrapado por las acusaciones que aparecían en los medios de comunicación de que su padre había golpeado a varias de sus parejas, incluida su madre.

En esos días Osvaldo Ríos también había intentado suicidarse con una sobredosis de pastillas, lo que causó un muy fuerte estrés en el joven.

Carmen sabía que debía hacer algo y pronto. Su trabajo interfería gravemente en la relación con su hijo y convertía sus fines de semana en un infierno difícil de soportar.

Por si todo lo anterior fuera poco, cuando su ruptura con Fernando del Rincón aún era reciente, empezó a decirse en los medios que el periodista mexicano mantenía un romance nada más ni nada menos que con Verónica del Castillo, la copresentadora, junto con Carmen, de *Primer Impacto Fin de Semana.*

Según me contaron Fernando y Verónica, lo que en realidad sucedió fue que una noche asistieron a un evento junto con otros empleados de Univisión y que los fotógrafos, al verlos conversar, les tomaron varias fotografías supuestamente comprometedoras. Fernando aseguró que entre ellos no había nada, que los fotógrafos los aislaron del grupo en el que estaban y les inventaron un romance que nunca existió.

Carmen, quien se enteró de la situación mientras se encontraba en Puerto Rico, llamó de inmediato a su ex novio, quien negó todo. Pero, a su regreso a Miami, Verónica del Castillo se mostró indiferente y distante con ella, lo que la enfureció aún más. Ni siquiera se tomó la molestia de explicarle lo sucedido, si se considera que ambas compartían tiempo y trabajaban en el mismo programa.

Ésta fue otra razón para que Carmen decidiera no estar más en él.

El accidente la sorprendió cuando se sentía desesperanzada, enojada por el fin de su relación y frustrada tras varios intentos fallidos de convencer a los directivos de Univisión que le encontraran algo qué hacer durante la semana.

En un punto de nuestra conversación y al analizar todo lo que me mencionó Carmen, le pregunté si acaso aquél no fue un intento de hacerse daño o quitarse la vida.

Me dijo que no, que durante esa cena conversó con amigos a quienes encontró en el restaurante, que recuerda que estaba de buen humor al salir y que una persona que la vio cruzar la calle antes de que su auto chocara contra la palmera le dijo después que no iba a exceso de velocidad.

Su tono de voz era calmado, natural y sin alteraciones. Tal vez el aprecio y el respeto que ambos nos tenemos impidió que reaccionara de otra manera, quizá le sorprendió una pregunta tan seria y directa o le preocupó que a alguien se le ocurriera una teoría tan grave.

En ese momento pensé que Carmen vivió muchas experiencias y circunstancias que la hicieron fuerte y difícil de destruir. Sin embargo, nadie sabe lo que pasa por la mente de una persona cuando se acumula en ella tanta incertidumbre, tanto castigo psicológico.

Mi amiga es una periodista que ha reportado acontecimientos traumáticos, feos, que dejan huellas en nuestro ser. Depende mucho de la personalidad la forma como tomamos esos eventos y los incorporamos a nuestra estabilidad emocional. En mi caso, siempre procuré aprender de lo que la vida me mostraba para poner mi mundo en perspectiva, valorar lo que es importante y descartar lo que no sirve. No es fácil, se trata de un camino sinuoso que muchas veces quisiéramos abandonar, pero al ver la desgracia ajena es importante sacar conclusiones que nos permitan valorar lo que tenemos: familia, amigos y autoestima.

Cada uno de nosotros siente el dolor a su manera y no es poco común que las personas piensen en lastimarse o, de plano, suicidarse. Lo sé porque yo, por primera vez en mi vida, tuve pensamientos de esa índole en algunas etapas de mi divorcio, más que nada por mis hijos Nahuel y Luciana, a quienes creí fallarles. Pero luego, cuando uno puede serenarse, el mundo se visualiza de manera diferente y se percibe la luz al final del túnel negro que solemos atravesar en esos momentos difíciles.

Carmen no recuerda nada de lo ocurrido entre el momento en que salió del restaurante y aquel cuando despertó en el hospital, bajo los efectos de los calmantes. Tal vez su mente quiso bloquear uno de los peores momentos de su vida.

Me contó que durante los más de dos meses que pasó recuperándose en casa tuvo tiempo para reflexionar sobre su presente y su futuro y decidió, en definitiva, que no le interesaba ser la presentadora de noticias del fin de semana.

El accidente la acercó a su familia; le permitió reanudar su relación con Fernando quien, esa misma noche, corrió a su lado y le aseguró que volverían a estar juntos a partir de ese momento; de igual manera, pudo pasar más tiempo con su hijo, conocerlo mucho mejor y su relación con él mejoró considerablemente.

Hoy ese suceso es tan sólo un agujero negro en su memoria, ya ha dejado de especular acerca de qué pasó y por qué. Lo importante es que la vida le puso una palmera en el camino para detener el rumbo que estaba tomando y que no cayó al lago que venía después.

De allí tal vez no habría encontrado la forma de salir a flote.

13. A Jorge le apagaron la cámara

Pocas personas saben tanto de cine como el mexicano Jorge Cámara. Sus reseñas de las películas de estreno se publican en el diario *La Opinión* de Los Ángeles, el rotativo en español de mayor circulación en Estados Unidos. De igual manera, es corresponsal en Hollywood para varias publicaciones latinoamericanas, como la revista *Caras*, de México, y *El Caribe*, de República Dominicana.

Es miembro de la Asociación de Periodistas Extranjeros en Hollywood, misma que otorga año con año los premios *Golden Globe* a las figuras más destacadas del cine. Formó parte de su junta directiva, de la cual también fue presidente.

Pertenece a la Asociación de Críticos de Cine de Los Ángeles y al Círculo de Críticos de Teatro de Los Ángeles.

Jorge, acreedor de varios premios muy importantes durante su ilustre carrera, ha escrito, dirigido y producido varios segmentos de televisión, así como documentales sobre el mundo del espectáculo.

¿A qué viene enumerar todos estos logros? Quiero que, tras conocerlos, imaginen como se sintió este gran periodista y amigo mío el día que María López le llamó para decirle que no necesitarían más sus segmentos que durante once años aparecieron en Univisión.

—Entré en *shock* —me comentó Jorge— cuando un día cualquiera contesté el teléfono y, como si nada, María me informó que habían decidido tomar otra dirección y ya no requerirían más de mis servicios.

Esa otra "dirección" se llamaba Argelia Atilano, una jovencita mexicana sin experiencia alguna como crítica de cine, a quien se le asignó la responsabilidad de conducir el segmento antes producido por Jorge. En éste mi amigo no sólo presentaba las películas que estaban por estrenarse, sino que le recomendaba al público cuáles valía la pena ver y cuáles eran una pérdida de tiempo. Sus cuarenta años de experiencia como crítico de cine le otorgaban la credibilidad necesaria ante su público.

—Me sentí discriminado por mi edad —me aseguró.

En ese momento Jorge incluso pensó en entablar una demanda contra Univisión por discriminación, pero, luego de consultar con amigos y abogados, decidió que la lucha sería desigual.

Sin que yo le dijera nada al respecto, agregó:

—En Univisión tratan muy mal a la gente, no hay calidad humana. Yo creí que conocía a María López. No sé dónde quedó su humanidad, quizá la perdió por las presiones de su puesto.

Se refería a la frialdad absoluta con la que su jefa terminó una relación laboral de tanto tiempo.

Muchos de ustedes dirán que todas las etapas deben terminar en algún momento. No lo discuto. Sin embargo, Jorge tiene razón al estar dolido por el mensaje no tan sutil que le enviaron —"Ya eres obsoleto"— y por haber sido sustituido por alguien sin el entrenamiento ni la preparación necesarios para llenar sus zapatos.

Opina que ahora su segmento ha perdido toda seriedad, que se limitan a presentar las películas sin calificarlas, por lo que los televidentes no se enteran de si lo que van a ver es bueno o malo.

—Además —me confió—, a lo largo de este tiempo transcurrido desde mi salida en 2001, los representantes de los estudios de cine me han llamado varias veces para quejarse conmigo de que los reporteros de Univisión prometen acudir y no lo hacen, que llegan tarde a las entrevistas con los artistas y no asisten a los preestrenos. Por desgracia, ya no hay nada que yo pueda hacer al respecto.

En otras palabras, toda la reputación de seriedad que él ayudó a crear se fue al suelo con rapidez estrepitosa.

Once años de esfuerzo que terminan con una fría llamada telefónica y una excusa difícil de tragar es algo que duele, en especial cuando Jorge sabe que es el hispano más capacitado para hablar de cine en Estados Unidos. Según me dice, la gente aún lo reconoce y le pide que vuelva a la televisión.

Ganas no le faltan, disfrutó mucho con su segmento de cine en *Primer Impacto*. Pero, lamentablemente, como si fuera un ser humano descartable, lo hicieron a un lado, se olvidaron de la experiencia de un profesional confiable y talentoso, por dar preferencia a una cara bonita y un cuerpo joven.

La bella ganó otra batalla en el reino de la televisión en español, pero eso cambiará el día que la gente abra los ojos y se dé cuenta de que esta película no tiene por qué terminar como se le antoje a Univisión.

14. Jorge y Raúl sabían demasiado

Cuando Jorge Plana viajó conmigo a Venezuela para cubrir el derrocamiento del presidente Chávez en 2002, su destino profesional ya estaba marcado. Las mujeres que tomaban las decisiones en el departamento de noticias sabían que, a su regreso, lo despedirían.

Pocos días antes de partir, Jorge tuvo un altercado con Elizabeth Valdez, una de las productoras con mayor poder en el departamento. Según me contaron, después de la acre discusión, él salió dando un portazo.

Reconozco que Jorge tiene un temperamento difícil, combativo y bastante rebelde; yo mismo tuve algunos problemas con él en mis viajes. Pero, sin duda, el hombre trabajaba como caballo, mejor dicho, como una yunta de bueyes. Aun después de acostarse muy tarde la noche anterior, de trabajar veintitrés horas sin descanso, o de ingerir una buena dosis de alcohol, siempre estaba dispuesto a poner todo su esfuerzo y talento para cumplir su tarea la jornada siguiente. Además, como camarógrafo es excelente: sabe iluminar, y su video y su audio siempre fueron impecables.

Ahora bien, es posible que la razón de su despido no tuviera nada que ver con ese portazo, con su temperamento o con la actitud que algunas veces mostraba ante sus jefas. Más adelante les explico por qué. En mi opinión, creo que lo echaron porque sabía mucho. Demasiado.

Tan pronto como se enteró del despido de Plana, otro camarógrafo, Raúl Hernández —uno de los más veteranos del equipo—, indignado, tomó una decisión muy estúpida y a la vez valiente: decidió escribirle un correo anónimo a Ray Rodríguez, el presidente de Univisión, para expresarle su desacuerdo con el despido de Jorge.

Pero eso no fue lo único que le dijo.

En el correo electrónico —enviado desde una cuenta abierta con ese único propósito y el cual yo leí— Raúl le dice a Rodríguez que despedir a su compañero de trabajo fue "una mierda" y agrega: "Deja de acostarte con Bárbara Bermudo" —lo expresó en términos más vulgares, pero ésa era la idea—.

Alguna vez corrieron por los pasillos de la empresa rumores sobre el supuesto romance. Y es que era difícil explicarse por qué Bárbara, de ser una reportera novata de los noticieros del canal 23, se convirtió de pronto en una de las dos presentadoras más importantes de *Primer Impacto*, sentada, ni más ni menos, que a la derecha de Myrka Dellanos.

El asunto nunca se confirmó. Sin embargo, el enojo provocó que Raúl cediera al impulso irresistible de expresar su frustración atacando al hombre más poderoso de Univisión con algo que él sospechaba que estaba sucediendo.

Para conservar el anonimato Hernández abrió una cuenta gratuita de correo electrónico que creyó que no podría rastrearse, con lo cual su identidad permanecería protegida. Pero se equivocó.

Por órdenes de los directivos de Univisión, los técnicos del departamento de sistemas encargados de la red de Internet se dedicaron a trabajar afanosamente para descubrir al responsable de semejante osadía. Y, por desgracia para Raúl, lograron determinar la procedencia del mensaje: se envió desde una computadora del departamento de noticias por una persona que entró al sistema utilizando la identidad de Raúl Hernández. Esos datos se registran en los servidores cada vez que alguien entra o sale del sistema. Al saber la hora en la que se mandó el correo, los técnicos expertos en redes, mediante el análisis de dichas actividades, pueden determinar con exactitud quién fue, cuánto tiempo estuvo y qué hizo durante una determinada sesión.

Y, a los ojos de estos expertos, la única persona que podía haber entrado en esa computadora, a esa hora, con ese nombre de usuario y esa contraseña era Raúl Hernández. Se supone que nadie más tiene acceso a esa información confidencial.

Enseguida, María López lo confrontó. Al principio, Raúl negó de manera rotunda su culpabilidad, hasta que, por fin, ante las evidencias abrumadoras y pensando que, de cualquier manera, eso le costaría el empleo, dijo la verdad.

—Sí, fui yo —le confesó a López.

¿Los motivos? Estaba enfurecido por el despido de Plana, a quien, después de ordenarle hacer un viaje largo para cubrir un acontecimiento peligroso, enviaron de patitas a la calle. Además, él consideraba que esa decisión era una verdadera injusticia.

Lo que nunca le contó a María es que, poco tiempo atrás, Plana y él, que realizaban un trabajo independiente, vieron a Ray Rodríguez entrar a un hotel muy elegante de la ciudad de Miami acompañado por una muchacha joven, bonita y rubia que trabajaba para Univisión. Al verlo Jorge se acercó a hablar con él. Rodríguez parecía sorprendido, nervioso e incómodo. Después de saludarlos e intercambiar con ellos unas palabras, Rodríguez pareció cambiar de opinión: de inmediato dio media vuelta y ambos salieron del lugar, subieron a su automóvil y partieron con rumbo desconocido.

Es probable que en ese momento se haya decidido la suerte de ambos camarógrafos, quienes, por casualidad, encontraron, *in fraganti*, al hombre fuerte del canal, a su jefe máximo, entrando a un hotel con una mujer que no era su esposa. Nadie sabe lo que iba a hacer allí, es más, sería difícil asegurarlo, pero la actitud que mostró Rodríguez esa noche no fue la de alguien que no tiene nada qué ocultar.

Poco después, Jorge Plana y Raúl Hernández no eran más empleados de Univisión. Lo de Raúl fue tonto, fue un descuido inexplicable, él lo sabe a la perfección. ¿Lo de Plana? No soy nadie para juzgar si su despido fue justificado, aunque la forma en que lo hicieron deja mucho qué desear.

¿Habrá sido Bárbara Bermudo la mujer con la que vieron entrar al capo máximo al hotel Mandarín esa noche? Ninguno de ellos quiso decírmelo.

Otra pregunta que viene a la mente a este respecto es bastante obvia: ¿No es demasiada coincidencia, demasiada casualidad, que los únicos dos camarógrafos de *Primer Impacto* que Univisión despidió en los diez años que estuve en el programa hayan sido ellos, los que vieron a Rodríguez aquella noche?

María López le dijo varias veces a Hernández que intentaba salvarle el pellejo. Después de todo, se conocían desde que ambos empezaron a trabajar en la empresa unos veinte años atrás, cuando ella era productora del canal 23 y Raúl, uno de los camarógrafos. Pero no hay que olvidar que Rodríguez, además de ser su jefe y el presidente de la cadena, también era su amigo y, más allá de esa amistad, no podía poner en peligro su relación laboral.

Déjenme explicarles un poco más la personalidad de la jefa de *Primer Impacto*: lo único que hace es mirar hacia arriba (si la conocieran entenderían la broma), o sea, quedar bien con sus superiores. Lo que le interesa más que nada en el mundo es que no le cancelen sus programas, que la dejen manejar el presupuesto y le entreguen el jugoso bono que cada fin de año recibe como recompensa por administrar bien su departamento. Además, López nunca tuvo la reputación de ser muy apegada a defender o abogar por los de abajo, a no ser que se trate de algo que afecte sus propios intereses.

Tras dos semanas de saberse la verdad acerca del correo, María le sugirió a Raúl que le escribiera una carta a Rodríguez en la que le ofreciera disculpas por lo sucedido. Así ella podría intentar evitar lo que, hasta ese momento, parecía inevitable: que lo echaran de la empresa.

Dos horas después de que Hernández subiera a la oficina del presidente de Univisión a entregarle en persona un mensaje con sus más "sinceras disculpas", el servicio de seguridad de la empresa lo escoltó, junto con sus pertenencias, hasta el exterior del edificio.

Estaba despedido, después de dieciocho años de arduo trabajo en la compañía. Y sabía por qué, a la perfección.

—La cagué —resumió, contundente.

Y tenía mucha razón. En cuanto me enteré de lo sucedido, no dudé en decirle:

—¡Qué "pendejo" fuiste! Al menos hubieras averiguado cómo enviar un correo realmente anónimo, yo mismo podría habértelo explicado.

Me miró resignado, jamás vi antes en él esa expresión colmada de tristeza y frustración.

Se sentía mucho peor que un pendejo. Era un pendejo desempleado.

15. Sexo, mentiras y *videotapes*

Cuando se abrió la puerta del ascensor mi primer pensamiento fue: "¡Trágame, tierra!". Frente a mí estaban mi productora ejecutiva y la directora de noticias de Univisión. Era el año de 1998 y nos encontrábamos en La Habana, Cuba, realizando la cobertura de la histórica visita del Papa Juan Pablo II a la isla gobernada por un régimen comunista.

A mi lado venía Isabel, una "amiga" cubana con la que había pasado varios días de placer en mi habitación del hotel Habana Libre. No sé si necesite mencionarlo, pero, aunque el sexo durante las coberturas periodísticas no era bien visto por nuestras jefas, siempre vivíamos experiencias de ese tipo. Sin embargo, rara vez estábamos sujetos a tanta vigilancia como en ese viaje.

La joven de diecinueve años estaba vestida de manera impecable y elegante, de negro, como para una fiesta de gala. Lo irónico es que esa noche no sería de sexo. Ella me pidió conocer la discoteca localizada en el último piso del hotel, lujo no permitido a los cubanos. Pero, para mi mala suerte, decidimos detenernos en el piso donde nos hospedábamos todos los enviados de Univisión para buscar algo que olvidé en mi habitación, creo que eran mis cigarrillos.

Mi expresión de pánico tuvo que ser evidente porque, de regreso en Miami, escuché comentarios de que María López estaba molesta porque no le gustó en absoluto que hombres casados salieran con "mujeres de la calle", como las llamaba ella. Isabel no era prostituta, sino una joven muy bella a quien conocí en un restaurante del primer piso del hotel. Minutos después de mirarnos con intensidad empezamos a conversar y, dos horas más tarde, pude observar su hermoso cuerpo desnudo en mi habitación. Esto tras convencer al gerente del Habana Libre —argentino, por cierto— de que me expidiera un pase para que ella pudiera sortear las extremas medidas de seguridad que impedían el ingreso de cubanos al hotel.

Admito que, en cierta forma, María López podía estar en lo correcto al llamarla prostituta porque sí hubo intercambio de dinero en nuestro arreglo. Pero la actitud de esta joven cubana no era la de una mujer que vende su cuerpo. Era sumamente cariñosa, sensual y al hacer el amor ambos tomábamos las cosas con calma, nos tratábamos como noviecitos. Y su cuerpo era como para dejar sin aliento a cualquiera.

Nunca le pregunté sobre su pasado, no me interesaba. Si era prostituta de alto nivel o mujer de la calle, esto no me parecía relevante porque, en mi opinión, ambos actuábamos llevados por la química que sentíamos el uno por el otro. Por lo regular, las mujeres de la calle no se comportan así, les interesa más el negocio, que todo termine rápido para seguir recibiendo dinero con el siguiente cliente.

Al igual que yo, me consta que varios de los empleados de Univisión que participaron en la cobertura se las ingeniaron para hacer entrar a mujeres al hotel. Mi gran amigo y camarógrafo Raúl Hernández se metió en problemas con la jefa porque en la fiesta de despedida que nos hicieron en la discoteca del hotel lo vieron besándose con una amiga (según él no era prostituta). Enfurecida, María López lo llevó aparte y le dijo que ése no era el comportamiento apropiado de un hombre casado, menos aun delante de sus compañeros de trabajo.

En mi caso nunca me vieron en una situación tan comprometedora, pero les aseguro que al abrirse la puerta de ese ascensor y ver a mis jefas paralizadas frente a mí y mi dama de compañía, me temblaron las piernas. Recuerdo que, en vez de negar que la conocía, lo único que se me ocurrió fue decirle que me esperara ahí mientras yo iba a buscar lo que olvidé. Estoy seguro de que no se comieron el cuento, sobre todo porque era imposible que no se percataran de mi terror al encontrarlas en esas circunstancias.

Sin embargo, algo sí es cierto: ni esta ni ninguna otra aventura interfirió con mis tareas periodísticas. Por el contrario, algunas veces servían como combustible para comenzar el día siguiente con más energía y una sonrisa de satisfacción.

Durante ese viaje vi a un periodista que venía en nuestra delegación llegar a la sala de redacción de CNN con un "amigo", un jovencito que no pasaba de los dieciocho años de edad. Poco después se dijo que este hombre tenía preferencia por los prostitutos que se paraban en una esquina cercana a nuestro hotel y que incluso se le había visto entrar al suyo, el Nacional, ubicado frente al malecón, con algunos menores de edad del sexo masculino. No puedo asegurar que eso sea verdad, pero, en definitiva, la presencia de este joven local durante una de las jornadas de trabajo no ayudó en absoluto a disipar las dudas.

En uno de estos inolvidables días en Cuba, sucedió un incidente muy simpático. Dejé a mi joven amiga en la habitación para ir a realizar un reportaje. Al salir del hotel le comenté a mi camarógrafo Jorge Álvarez que le ofrecí a Isabel que se quedara viendo televisión mientras regresaba.

Él siempre insistió en que era prostituta y yo le decía que no, que para mí era una mujer que aprovechaba la presencia de extranjeros en la isla para hacer un poco de dinero y pasarla rico al mismo tiempo, tal vez salir de su monotonía comunista.

Jorge bromeaba:

—Sí, es una monja.

La frase se volvería célebre entre nosotros.

Al volver al hotel, dos horas más tarde, la cara de Jorge se iluminó y comenzo a reír a carcajadas. Isabel venía caminando por la acera. Con ironía, mi compañero me dijo:

—Mira, ahí va tu monja, salió a buscar clientes.

Yo no sabía dónde meterme. Entre risas y un poco de vergüenza inventé una excusa para no quedar como un reverendo idiota: le dije que tal vez tuvo que salir a buscar algo o no le gustaba estar encerrada sola tanto tiempo.

Después me enteré de que Isabel tenía un novio o esposo a quien llamaba su "primo" y que bajó a verlo para entregarle el dinero que le pagué ese día. Poco antes de irme me dio a entender que tenía un hijo aunque, al ver su cuerpo, eso era difícil de creer.

Desde entonces, siempre que nos vemos, Jorge recuerda ese momento con un sarcástico:

—¡Es una monja!

Y reímos a carcajadas con una extraña mezcla de nostalgia y picardía.

Esa misma noche, mientras hacíamos el reportaje —que por azares del destino tocaba el tema de la prostitución durante la visita del Sumo Pontífice—, estacionamos la camioneta en una esquina frente al malecón donde varias mujeres ofrecían sus servicios de pie en la acera. El conductor había trabajado con nosotros durante cinco días y nos llevó a visitar varias ciudades. Lo considerábamos un amigo.

Yo crucé la calle y, con un micrófono oculto entre mi ropa, realicé una entrevista encubierta porque las muchachas no querían saber nada de las cámaras de televisión.

A mi regreso le pregunté a Jorge dónde estaba el chofer porque ya debíamos irnos y señaló la camioneta. Al ver que se sacudía, no fue difícil imaginar lo que sucedía en su interior. Pasados unos minutos se abrió la puerta y primero salió una joven un tanto despeinada y atrás de ella el conductor, que lucía una gran sonrisa.

Jorge y yo estuvimos de acuerdo en que lo merecía, luego de trabajar mucho y conducir cientos de kilómetros casi sin descanso. Esos quince minutos fueron una justa recompensa para este hombre que por su dedicación y lealtad recibía unos pocos dólares, pagados por una de las tantas empresas del Estado que dominan la economía cubana. Cabe recordar que en la isla no existe la empresa privada; todos los inversionistas extranjeros, como los consorcios hoteleros y otros son forzados a asociarse con los tentáculos del gobierno de Fidel Castro para poder hacer negocios ahí.

Como imaginarán, éstas no fueron las únicas anécdotas de tipo sexual que acontecieron durante mis quince años como reportero de Univisión. Cuando alguien regresaba de un viaje la costumbre era averiguar cómo nos había ido, y eso implicaba que compartiéramos nuestras conquistas amorosas. Si no podíamos hablar en ese momento pero nos había ido de maravilla, una sonrisa bastaba para que nuestros "cómplices" supieran que la faena fue fructífera.

Tres en una noche

No me las quiero dar de Supermán, sólo les digo que las pastillitas azules hacen verdaderos milagros.

En mis constantes viajes a Honduras conocí a muchas mujeres. Y en uno de ellos, cuando mis problemas matrimoniales me condenaban a una especie de sequía sexual, pensé que ésta sería una oportunidad ideal para deshacerme de mi inquietud al respecto. Por eso, al enterarme de que viajaría a Tegucigalpa, le avisé a tres de mis amigas que llegaría un determinado día y que, tan pronto estuviera allí, les avisaría para que fueran a verme al hotel. Era implícito lo que sucedería, no necesitaba dar explicaciones.

A una de ellas, delgada, de cabello negro, dieciocho años de edad y muy ardiente, le dije que me esperara en el vestíbulo del hotel a la hora de mi llegada. La conocí en la entrada de ese mismo hotel justo cuando salía para Miami, pero nos escribimos durante un tiempo y así descubrí que sentía una gran atracción sexual hacia mí. Según me dijo, sólo había estado con un hombre y la experiencia resultó muy mala; por ello, quería tener relaciones con alguien experimentado. Comprendía que no era posible entablar una relación estable y estaba dispuesta a que lo nuestro fuera puramente físico. Así fue hasta el día en que se dio cuenta de que necesitaba más atención de mi parte y, como yo no podía brindársela, prefirió buscar su propio camino.

"Violeta" —como la llamaré para proteger su identidad— estaba consciente de lo que le esperaba. No solíamos intercambiar muchas palabras. Tan pronto como entramos a mi habitación, sus labios pintados de rojo intenso embadurnaron mi cara. En el viaje de seis pisos en el ascensor sólo tuvimos tiempo para preguntarnos cómo estábamos y listo. Ella era muy impaciente y, como dije, sabía a lo que venía. Su gran fijación era el sexo oral. Lo disfrutaba como pocas veces he visto que suceda con otra mujer. Parecía deleitarse más con eso que con cualquier otra situación o posición. Para ser una joven inexperta lo hacía a las mil maravillas y lo que más me gustaba era que se entregaba por completo a su tarea. Parecía estar hipnotizada por el placer que sentía y eso me excitaba muchísimo.

Pero ese día estaba algo preocupado. En una hora tenía que terminar todo porque en mi trayecto del aeropuerto al hotel llamé a mis otras dos amigas y les pedí que una llegara a verme a las cuatro de la tarde y la otra a las cinco. A las seis y media debía realizar dos entrevistas y, como no sabía a qué hora me desocuparía, era imprescindible aprovechar el tiempo de la tarde para verlas. Además, confieso que lograr esa hazaña era una de mis fantasías.

Cinco minutos antes de las cuatro Violeta salió de mi habitación. Le dije que en media hora realizaría una entrevista y necesitaba prepararme. No podía arriesgarme a que la siguiente la viera salir y todo se arruinara.

Tres minutos después de las cuatro tocaron a la puerta. Cuando abrí, el escultural cuerpo de "Andrea" me recordó los gratos momentos que pasamos en mi viaje anterior. Sonrió plenamente y me dio un besito suave en la boca. Hablamos un rato. Su estilo era diferente, mucho más tranquilo, pausado. Requería más precalentamiento para llegar al sexo.

Tirados en la cama, mientras me comentaba lo sucedido en su vida en los meses que no nos vimos, mis manos le comunicaban, con sutileza, mis deseos. Diez minutos después el silencio invadió la habitación y pronto empezaron a escucharse los gemidos de mi amiga. Ella era de las "pasivas", que prefieren que los hombres hagan todo mientras disfrutan. Casi no hablaba, pero su humedad y su rostro evidenciaban su placer.

En nuestro primer intervalo aproveché para decirle que a las cinco y media saldría rumbo a una entrevista muy importante, pero que la vería otro día para seguir con nuestro asunto. Cinco minutos antes de las cinco salió, tras pintarse los labios de nuevo, dejar una buena marca de su lápiz labial en mi boca y pedirme que la llamara al día siguiente.

La tercera llegó quince minutos tarde, pero no me quejaba, necesitaba el descanso. Tal vez el dios de la pasión escuchó mis plegarias. Además, ésta sí que era muy diferente de las otras. "Patricia" desafiaba lo convencional. Su estrategia era siempre la misma: llegaba sólo a visitarme, según decía. Insistía en que no venía con intenciones de hacer nada conmigo, sólo conversar, pero en el fondo sabía muy bien lo que ocurriría. A ella la conocí en el aeropuerto de Miami mientras esperábamos que saliera nuestro vuelo, que estaba demorado. Desde el principio quiso aparecer ante mí como una mujer seria y distante, sin un pelo de tonta ni tampoco intenciones de tener sexo con alguien que no fuera su novio.

Pasado un mes, en mi habitación del hotel en Tegucigalpa, me demostró que ésa era sólo una forma de defenderse del mundo que la rodeaba, de mantener una imagen que creó y conservó en su mente por largo tiempo. Poco después de separarse de su esposo —el único hombre con quien estuvo en su vida—, decidió liberarse en el aspecto sexual para combatir la monotonía que vivía. Y en ese preciso momento yo me crucé en su camino.

A "Patricia" le gustaba hacerse del rogar. Disfrutaba del jueguito en el que el hombre, tras mucho insistir, la convencía para tener sexo. La primera vez me pareció muy rara la facilidad con la que pasó de un estado al otro, de la negación total a su transformación en una fiera. La segunda vez entendí el jueguito y lo seguí con excitación y cierta intriga por ver en qué momento despertaba el monstruo erótico que llevaba en su interior. A ella le gustaba que la dominaran con fuerza. En algunos de los correos "calientes" que me mandaba, me pedía que la atara a una cama y le diera de cachetadas y golpes en la cara, que eso la volvería loca. Incluso me confesaba que si la estrangulaba poco a poco ¡sentiría un inmenso placer! Algo de eso hicimos, pero no deseo ser muy específico. Sólo puedo decirles que nuestras sesiones eran intensas y esa tarde no fue la excepción.

A las seis y media de la tarde, tal cual lo planeé, mi entrevistado y yo hablábamos de temas que ahora no recuerdo; pero en el fondo de mi ser estoy seguro de que brillaba una pícara sonrisa de satisfacción. Mis tres entrevistas anteriores salieron a todo dar.

Mi compañera de viaje

"Sofía" es una de esas mujeres que siente fascinación por la gente que trabaja en televisión. A partir de que me escribió un correo a mi dirección electrónica de Univisión, entablamos una amistad superficial pero interesante que terminó por ser una de las aventuras sexuales más excitantes de mi carrera.

De naturaleza tímida, cuando habla parece envuelta en una eterna duda. No obstante, durante dos años me hizo saber con claridad lo que quería. Muchas veces llegaba a las ciudades donde yo realizaba mis reportajes, ya sea el mismo día o el siguiente, para quedarse conmigo en el hotel y dejar volar nuestra imaginación.

La primera ciudad testigo de estos encuentros fue San Francisco, California. Cuando la recogí en el aeropuerto, una fría noche de invierno, Sofía temblaba, pero de nervios. Compartimos nuestras fantasías sexuales por teléfono o correo electrónico, de modo que sabíamos lo que queríamos hacer. Ya en el hotel, nos tomó poco menos de una hora dar rienda suelta a la pasión que inventamos a la distancia. Ése era apenas el principio y todo transcurrió con normalidad. Nunca imaginamos que, con el paso del tiempo, encontraríamos muchas formas de explorar el placer a nuestra manera.

Una de los acuerdos a los que llegamos fue que cuando la recogiera en algún aeropuerto, ella me saludaría con un beso y luego me practicaría sexo oral durante todo el viaje de vuelta a mi hotel. A veces necesitábamos detenernos una cuadra antes para esperar que mi erección bajara porque no tenía ropa suficiente para ocultarla. La pausa solía terminar en el ascensor, donde seguía con lo mismo y al llegar a la habitación no terminábamos de pasar la puerta cuando se desencadenaba el infierno.

En un viaje que hice a Las Vegas regresábamos de noche a la ciudad luego de realizar un reportaje en la frontera entre Nevada y California cuando se nos ocurrió divertirnos un rato. Yo manejaba en esos momentos, mi camarógrafo —cuyo nombre no revelo por respeto a nuestra amistad— iba sentado en el asiento de atrás y Sofía, a mi lado. Con su mirada y su mano en mi entrepierna me dio a entender que no quería esperar a llegar al hotel. Entonces, detuve el auto a un costado del camino, le pedí al camarógrafo que tomara el volante, en tanto que mi amiga y yo nos sentamos atrás. Mientras él conducía —y miraba por el espejo retrovisor—, Sofía y yo escribimos otro capítulo de ese libro erótico que comenzamos tiempo atrás. Una vez finalizado el examen oral, le pedí a mi amigo que pasara a sentarse junto a ella, para ver si se animaba a hacerle lo mismo. Hablamos de eso durante nuestro vuelo de Miami a Las Vegas, pero nunca me animé a planteárselo directamente por miedo a que se enojara y me quedara sin amante portátil.

Luego de ciertas dudas y una larga tarea de convencimiento, ella accedió. Yo sólo me atreví a mirar la cara de felicidad de mi amigo; para lo demás no estaba aún preparado en el aspecto psicológico. Cierto, el incidente me incomodó un tanto, pero yo ya había vivido mi momento feliz y todos sabemos que luego de que eso sucede la mente responde de manera extraña a los estímulos sexuales.

Cuando sucedió la tragedia de las torres gemelas en Nueva York Sofía me llamó para decirme que ardía en deseos de conocer la Gran Manzana. Al principio, cuando el ataque terrorista era reciente, era demasiado el trabajo y no hubiera dispuesto de tiempo para atenderla como es debido. Además, en esos días la situación era muy deprimente por la cantidad de información negativa que manejábamos y dudo que hubiera estado de humor para disfrutar su compañía. Por tanto, le pedí que se reuniera conmigo a mi regreso para continuar la cobertura, unos quince días después del 11 de septiembre.

Mucho antes de que ella llegara analizamos la posibilidad de incorporar a otra mujer en nuestra ecuación. Nueva York parecía el lugar perfecto para encontrarla. Y lo logramos. Llamamos juntos a una línea telefónica de encuentros y allí establecimos contacto con una portorriqueña de cerca de treinta años que dijo estar interesada en vernos esa misma noche.

A su llegada, los tres nos trasladamos a un bar cercano a tomar unas copas para conocernos y, de paso, romper el hielo. Poco después Sofía, sonriente y excitada, me hizo una seña con la que indicaba que ya era suficiente la charla y se sentía cómoda para entrar en acción. La noche fue en extremo placentera y colmada de deseo. Inolvidable, al menos para nosotros dos. Nunca repetimos esa situación, pero sí la anotamos en nuestra lista de travesuras memorables.

Con el tiempo nuestros encuentros se hicieron menos frecuentes. Por cuestiones de trabajo, ella ya no podía viajar tanto. Además, sentía cierto remordimiento porque yo estaba casado y por fin se dio cuenta de que conmigo sólo podía pretender ese tipo de relación fugaz y sin compromiso. Desde un principio le dejé muy en claro que entre nosotros nunca habría un sentimiento más profundo que una amistad especial.

Hoy mi compañera de tantos viajes vive aquí en Miami, pero no nos hemos vuelto a ver a pesar de que ambos estamos solteros. Tal vez será porque el peligro y la aventura ya no están presentes. O porque la nuestra es una etapa que prefiero guardar en mi memoria así como fue, intacta; el recuerdo de un deseo errante que, al igual que mi trabajo, me dejó muchas satisfacciones.

¡Gracias, Sofía!

El gran susto

Así como Sofía, Isabel o el trío de Tegucigalpa, tuve muchas otras aventuras que no sería tan divertido contar porque no fueron tan inusuales como las descritas.

Sin embargo, hay una que sí quiero compartir con ustedes. En cierta ocasión conocí a una muchachita muy sexy a la salida de una discoteca con quien terminé en la habitación de mi hotel. Como me dijo que tenía dieciocho años, su inexperiencia no me sorprendió cuando hicimos el amor esa noche.

El día siguiente la chica me llamó para citarme en su hora del almuerzo. No me quedaba duda de que lo que quería hacer conmigo no era precisamente almorzar.

Lo que nunca imaginé fue cuál sería el postre. En plena acción, me anunció de pronto:

—Te mentí, no tengo dieciocho.

Mi expresión de placer desapareció de manera instantánea, como si hubiera visto un monstruo espantoso. Y luego dijo lo que me temía y no quería escuchar:

—¡Tengo diecisiete!

Salté de la cama como si alguien le hubiera prendido fuego y lo primero que atiné a preguntarle fue:

—¿Por qué me mentiste?

En mi calenturienta imaginación veía que varios agentes policiacos entraban por la puerta y me ponían las esposas para comenzar mi sentencia de cadena perpetua.

—Me gustas mucho, no quería que te espantaras y te fueras —contestó.

Y vaya que tenía razón, ésa habría sido mi reacción.

Admito que me gustan las mujeres más jóvenes que yo —nací en 1963—, pero en algún lado hay que trazar la línea. Y la mía está muy bien delimitada en los dieciocho años de edad. Menos es ilegal y yo respeto mucho la ley, a pesar de que en varios países de América Latina las mujeres comienzan a tener sexo muy jóvenes y a muchos hombres no les importa la edad que tengan. Hay un refrán bastante cruel al respecto, que escuché muchas veces y dice: "Si hace sombra, al matadero".

Tampoco las prefiero tan jóvenes. Por lo general no quiero tener que enseñarle todo a las mujeres que se acuestan conmigo. Me agradan las que saben qué hacer o al menos han oído hablar de las acciones de los adultos en los momentos de placer. Pero, si ustedes le preguntan a los hombres de mi edad y éstos responden con sinceridad, puedo asegurarles que a la mayoría le agradan los cuerpos firmes y llenos de energía acompañados de mentes curiosas.

Mi reacción en ese momento tan incómodo fue pedirle a la chica, con amabilidad y preocupación a la vez, que se fuera y, por favor, no hablara con nadie de lo sucedido. El bochorno provocó que la excitación se convirtiera en nerviosismo. Me asomé a la ventana y, mientras la veía alejarse del hotel, les juro que me invadieron el temor y la vergüenza por lo sucedido. Si me hubiese dicho la verdad desde el principio, la hubiera llevado a su casa —cuando la encontré buscaba a su hermano, quien partió con rumbo desconocido y la dejó sola en la discoteca— y todo habría terminado con un beso en la frente o un apretón de manos.

Un poco más calmado, el día siguiente le conté lo sucedido a Harold García, mi camarógrafo en ese viaje, quien rió sin parar durante media hora. La historia quedó entre nosotros, un gran secreto. Hasta ahora.

Muchachos, las mujeres se están quejando

Las experiencias que les conté en este capítulo no fueron reportajes que realicé ni historias que me mandaron a cubrir. Pero nunca dejé de ser un reportero, un periodista, y, por consiguiente, mientras los acontecimientos sucedían yo recogía información. Es parte de la naturaleza del investigador que llevo dentro.

Algo que llamó mucho mi atención fue que casi todas las mujeres que he encontrado en mi camino suelen quejarse de las técnicas amatorias de los hombres. Los acusan, sobre todo, de ser machistas y, en consecuencia, egoístas en el aspecto sexual, cosa que les molesta mucho. Puesto en palabras más simples, "pum pum y a dormir". ¿Me explico?

Sí, es lo que piensan. Pero el problema no se debe sólo a que, como ellas alegan, es raro que un hombre se tome el tiempo para que ambos disfruten con igualdad. La situación se agrava porque, según me he percatado, en los momentos íntimos muchas mujeres latinas, por no saber muy bien qué hacer, se muestran inseguras y sin recursos.

Yo atribuyo esta carencia a la falta de comunicación y de estimulación suficiente por parte de sus parejas. ¿Cómo pueden aprender si no tienen tiempo siquiera de disfrutar? Y no me refiero necesariamente a jovencitas de dieciocho o veintitantos años, hablo también de mujeres de treinta a cuarenta que casi no saben besar, que no tienen idea de lo que deben hacer en la cama y, para mi gusto, se dejan llevar por una mentalidad muy conservadora.

Lo único que se necesita para mejorar este aspecto es cambiar el concepto imperante de que la mujer es un objeto sexual. Estimados lectores, intenten buscar el tesoro que todas llevan dentro, hablar con ellas, preguntarles qué les gusta, qué disfrutan, cuáles son sus puntos clave. Les aseguro que eso cambiará la forma como las ven, aumentará su respeto hacia ellas y contribuirá a construir una relación más placentera y completa.

Créanme, aunque sea por una noche, siempre hay tiempo para todo.

Así que, muchachos, las mujeres se están quejando y ésa es una voz que no debemos ignorar. ¿Se imaginan una huelga general de sexo?

¡Sería una catástrofe!

16. Pablo, te secuestraron, podrías haber muerto, ¿estás bien?

Son palabras que me hubiera encantado escuchar. Una llamada telefónica que nunca recibí. Sí, eso habría bastado.

Tal vez muchos piensen que me quejo demasiado. Puede ser verdad, no lo niego. Soy de personalidad extrovertida y me encanta que me mimen y me digan cosas lindas (¿a quién no?). Pero en este caso no se trata de ser exigente o infantil, sino de pretender ser objeto del mínimo gesto de sensibilidad por parte de personas que proclaman ser líderes.

Cuando en abril de 2002 nos enteramos de que el presidente venezolano Hugo Chávez había sido derrocado, de inmediato pensé que debía ir a casa a preparar las maletas. Así fue. La mañana siguiente, en medio de un caos político sin precedentes en la historia de ese país, arribamos a Caracas.

Al principio nos sorprendió la calma que se percibía en las calles. El camarógrafo Jorge Plana, la productora Margarita Rabín y yo llegamos a una ciudad confundida y atónita, que buscaba la forma de reaccionar a semejante cachetada, en un país profundamente dividido por el hambre y el quehacer de los políticos.

Era el 12 de abril y el empresario Pedro Carmona Estanga, titular de Fedecámaras, la asociación empresarial más poderosa de Venezuela, ostentaba ya el cargo de presidente interino. Chávez estaba detenido en un lugar secreto y se especulaba que pronto lo sacarían del país o, incluso, que lo matarían.

Su derrocamiento se produjo luego de tres días de protestas contra su gobierno y la sangre de cincuenta muertos derramada en las calles venezolanas manchó sus manos de manera casi inevitable. El mundo contemplaba con gran atención lo que sucedía en las entrañas del quinto exportador de petróleo del mundo. ¿El más interesado? Adivinaron, Estados Unidos, su principal cliente.

Mientras en las líneas telefónicas y en los medios de comunicación venezolanos se debatía el futuro del país, nosotros decidimos acudir, un sábado que no teníamos que trabajar, a una conferencia de prensa que daría Carmona. Queríamos entrevistarlo después de la misma. La cita era en el Fuerte Tiuna, la sede del ejército venezolano en Caracas, el característico cuartel militar con grandes extensiones de terreno, carteles de advertencia y edificios, un poco más en pie de guerra en esos días que de costumbre.

Al llegar encontramos al presidente interino en una gran sala, sentado ante un pequeño escritorio de madera con apariencia antigua, con varios micrófonos adelante y dos miembros de su gabinete atrás. Si mal no recuerdo, uno de ellos era un ex general del ejército, enemigo a muerte de Chávez y quien fuera uno de los ideólogos tras el golpe de estado.

Minutos después, Carmona, con muy poca convicción, comenzó a anunciar sus próximos pasos al mando del gobierno. En esos momentos él mismo se cuestionaba si seguiría adelante o le dejaría su lugar a un sucesor que emprendiera la reconstrucción de la democracia en el país.

Margarita Rabín habló con su encargado de prensa y le pidió que Carmona me concediera media hora para entrevistar, por primera vez en Univisión, al hombre del momento. Nadie más lo había hecho, estábamos a punto de lograr una gran exclusiva. Respondieron que sí, lo cual nos entusiasmó. Nunca sospechamos lo que sucedería poco después.

Como ya dije, Univisión planeaba echar a Jorge Plana, mi camarógrafo, pero antes de que se lo anunciaran surgió este peligroso viaje. Ya que era "carne de cañón", decidieron enviarlo con nosotros. Al regresar, tan pronto entró al edificio después de una semana de trabajar sin parar en Venezuela, le dieron la patadita en el trasero. Un gesto muy noble, común en ellos.

Sin saber nada de esto, Jorge acomodó dos sillas, una frente a la otra, y puso tres luces: una para iluminar a Carmona, otra para mí y la tercera a contraluz. Preparó los micrófonos, uno para cada uno y se aseguró de que el encuadre fuera el adecuado. Como Carmona se demoró mucho, pudimos realizar varias pruebas de audio, redecorar un poco y mover las luces. Dado que disponíamos de poco tiempo para hablar con él, queríamos que todo saliera bien, no perder un solo segundo.

Le dije a Margarita que le recordara al encargado de prensa que esperábamos al flamante presidente, por si lo hubieran olvidado. Cuando regresó me informó que no lo localizó y observó movimientos extraños en los pasillos exteriores. Ingenuo, le contesté que nos hallábamos en medio de una intensa crisis política en todo el país y lo desusual era lo lógico. Afuera se escuchaban aún disparos de arma de fuego, pero ya estábamos acostumbrados a ellos, había sido la constante en los dos días pasados. Esa misma tarde, cerca del mediodía, uno o varios francotiradores abrieron fuego muy cerca de donde caminábamos, a dos cuadras del palacio presidencial. Desde luego, nos asustamos y buscamos refugio. En un momento perdí de vista a Margarita —Plana estaba agazapado conmigo detrás de un semáforo en una esquina— y sentí pánico. Los disparos no cesaban.

Dos días antes las calles de Caracas se llenaron de cadáveres cuando un grupo de pistoleros disparó contra una multitudinaria manifestación antigubernamental. Los medios denunciaron que muchas personas fueron asesinadas por francotiradores leales al gobierno chavista. Eso y el hecho de que es absolutamente horrorizante saber que alguien puede tenerte en la mira telescópica un segundo antes de que se apague la luz de tus ojos son buenas razones para correr muy lejos de allí. Y eso hicimos. Lo más irónico fue que, de regreso al hotel tras ese momento desagradable, optamos por algo "tranquilo": entrevistar a Carmona.

A punto de tirar la toalla y levantar nuestro equipo, vimos abrirse la puerta del salón y entrar a un hombre vestido de militar. En su rostro no había ningún mensaje, sólo la expresión esperada de una persona con su formación. Nos percatamos de su preocupación por lo que nos dijo: teníamos que quedarnos todos encerrados en ese lugar por el momento, luego nos explicaría por qué.

Junto a nosotros se encontraban varios de los periodistas más reconocidos de Venezuela, quienes cubrieron la conferencia de prensa. Pueden imaginar la frustración e inquietud que sentíamos al no saber qué ocurría afuera. ¡Y nadie quería explicarlo! La curiosidad profesional, más que la humana, nos carcomía.

Minutos más tarde entró por la misma puerta un hombre joven, de treinta a treinta y cinco años de edad, delgado, con cara de estudioso pero alterado en esos instantes. Intentó hablar en los términos más fáciles de entender, pero los nervios hicieron que todo le saliera confuso. Lo que por fin captamos fue que su padre, el empresario y presidente interino de Venezuela, Pedro Carmona, había sido separado de su cargo y detenido por las fuerzas leales a Chávez. Levantaba la voz y gesticulaba como si nosotros pudiéramos correr a rescatarlo, a sabiendas de que estábamos prácticamente secuestrados en ese recinto.

Pero cuando nos asustamos de verdad y nuestros rostros cambiaron por completo, fue cuando el mismo militar volvió para comunicarnos que las fuerzas aliadas al presidente derrocado estaban afuera del Fuerte Tiuna, armadas hasta los dientes y dispuestas a restituir a Chávez en el poder. Por su parte, en el interior, las fuerzas antichavistas, también armadas, se negaban a permitir que esto sucediera. Cabe recordar que la destitución de Chávez fue manejada personalmente por ex miembros de la jerarquía más alta del ejército, quienes lo obligaron a firmar una carta de renuncia. Ahora se intentaba negociar una solución a la crisis.

Como medida preventiva el militar indicó que sería muy conveniente que nos agacháramos detrás de un sillón de gran tamaño situado a la derecha de la puerta principal, pegado a la pared.

Puede decirse que nos pidió que nos escondiéramos debido a la posibilidad de que las fuerzas leales a Chávez utilizaran la fuerza para retomar el poder. Esto incluía, por supuesto, el uso de cañones y armas de alto calibre capaces de derribar paredes, demoler edificios y, por qué no, asesinar a muchos periodistas.

Margarita y yo nos miramos a los ojos. Ella se puso de rodillas en el piso a mi lado, su mano en mi pierna. Creí que se asustaría, que tal vez incluso lloraría. No fue así, sólo la noté seria en un principio y luego me sonrió con resignación. Me parece que, en ese momento, la mayor expresión de pánico era la mía. No lo sé. Uno quisiera finalizar las historias de terror sintiéndose un héroe y siempre cambia los detalles para que todos admiren su valentía. Pero les aseguro que era pavoroso pensar que un grupo de soldados mal entrenados y fanáticos pudiera entrar por esa puerta maldita y comenzar a rociarte con plomo. Y ésa era una posibilidad muy real. La bomba que destruye paredes y demuele edificios era también una opción.

Y no crean que exagero. En esos momentos se decidía el destino de un país. Había muchas cosas en juego: dinero, poder, prestigio, ambición. No era tan alocado pensar que la violencia podría constituir un recurso válido para lograr el objetivo.

Fueron tres horas agonizantes, agazapados contra una pared, incómodos, en peligro, privados de nuestro derecho a la libertad de movimiento y a ejercer nuestra profesión. Pero, más que nada, secuestrados porque resultábamos excelentes rehenes para una situación tan complicada. Pensaba que no se atreverían a matarnos por tratarse de periodistas extranjeros, que evitarían causar un conflicto diplomático, pero luego caí en cuenta de que, bajo circunstancias como ésas, en lo que menos pensarían estas personas era en la diplomacia.

Pasado un tiempo que pareció interminable, un grupo de oficiales que jamás habíamos visto entró al salón para anunciarnos que Carmona estaba detenido en manos de las fuerzas leales a Chávez, que el presidente derrocado ya era un hombre libre y regresaría a Caracas en las próximas horas... y, lo más importante de todo, que la situación estaba bajo control y no corríamos peligro.

El escote que lucía Margarita y sus habilidades como productora lograron convencer a un capitán de que nos consiguiera una entrevista con José Vicente Rangel, el segundo hombre más poderoso del grupo que recién recuperara el poder y quien luego fuera nombrado vicepresidente de la nación por Chávez.

Como era sábado y en ese entonces *Primer Impacto* no salía al aire los fines de semana, le ofrecimos a los productores del *Noticiero Univisión* que le realizaran una entrevista en vivo y aceptaron encantados. El problema fue que nadie le dijo a Sergio Urquidi, el conductor, quién era el entrevistado, de modo que al aire tuvo que preguntárselo. Esto generó una situación muy incómoda y embarazosa porque si alguien sale en vivo en un programa tan importante, lo lógico es que no se trate de cualquier pelagatos que encontramos por la calle. A pesar de que existe comunicación directa entre los productores a través de micrófonos y audífonos, a nadie se le ocurrió advertirle a Urquidi: "Estás hablando con el segundo hombre más poderoso de Venezuela que acaba de recuperar el poder". Pronunciar esa frase no requiere más de ocho segundos.

Otro grave error cometido por los productores del noticiero fue que, teniéndome a mí al teléfono, listo para contarles las novedades fresquísimas, luego de protagonizar en carne propia un evento de semejante magnitud, prefirieron abrir el *show* con un reportaje grabado esa mañana, mucho antes de que esto sucediera. A mi regreso a Miami le envié un correo a la productora general del noticiero, la chilena Patsy Loris, quien no sólo no me respondió, sino que a partir de ese momento cambió por completo su actitud hacia mí.

Era cerca de la medianoche del 13 de abril cuando nuestro automóvil cruzó el último portón de salida del Fuerte Tiuna. Me costaba creer que por fin estábamos afuera. Las calles desiertas me parecían mucho más lindas que antes y los disparos esporádicos eran música para mis oídos. Pensé en mis hijos, quienes no sabían lo que su papá padeció ese día, y sentí deseos de llamarles. Me imaginé que algunos de los miembros de nuestra delegación estarían preocupados.

No me equivoqué. Al llegar a nuestro hotel vimos los rostros inquietos de Rafael Tejero y Jorge Ramos, quienes permanecieron despiertos esperándonos y al vernos respiraron un poco más aliviados. Les di, por primera vez, un abrazo. Era agradable estar de regreso, haber salido de semejante pesadilla con vida, y poder contar la historia junto a Jorge el día siguiente en el programa de las seis y media de la tarde.

¿Les parece que calificar la experiencia como una pesadilla es ser tremendista? Piensen en esto: estábamos en la línea de fuego, justo en medio de dos fracciones de un ejército fanatizado que luchaba por el poder de un país. Una de ellas, cansada de las injusticias sociales cometidas por un hombre al que detestan (porque los venezolanos que no quieren a Chávez no dicen que les cae mal, directamente afirman que lo odian). La otra, que apoyaba a un militar que pocos años atrás intentara derrocar a otro gobierno por la fuerza y cuyos delirios de poder son famosos en el mundo entero. ¿Creen que no había fundamento real para mi miedo a que muriéramos en cualquier momento?

Además, ese día era difícil olvidar las imágenes del sangriento 11 de abril, cuando simpatizantes de Chávez dispararon de manera indiscriminada para evitar que una enorme multitud de opositores llegara al Palacio Miraflores, la sede presidencial. O el hecho de que ese día se ordenó el asesinato de periodistas para atraer más la atención internacional a los problemas venezolanos. (Vimos el video que muestra el momento en el cual Jorge Ibraín Tortoza Cruz, fotógrafo del diario caraqueño *2001*, cae al piso herido de muerte; o el de la mujer que recibe un disparo en la cara cuando un francotirador intenta asesinar al camarógrafo que filmaba detrás de ella y quien, por eso, captó las imágenes.) Ser periodista en Venezuela no era precisamente la profesión más recomendable del momento. De ahí mis temores.

En los días posteriores a la odisea seguimos nuestro trabajo con normalidad. Conseguimos varios reportajes exclusivos, imágenes muy dramáticas de la masacre. Pero yo sentía que algo me faltaba. ¿Sería posible que a nadie en Miami se le hubiera ocurrido tomar el teléfono y preguntarnos cómo estábamos después de pasar un trance tan difícil? Y no pueden alegar que no conocían los detalles porque el día siguiente le dedicamos un segmento completo del *Noticiero Univisión* a lo sucedido. Jorge Ramos y yo presentamos en vivo un recuento de los eventos de la noche anterior. Dije al aire que nos secuestraron y usaron como rehenes de una tensa situación política. Que había armas afuera y adentro del Fuerte Tiuna. Que temí morir. Que fue una vivencia muy desagradable.

Después de eso no hubo una llamada telefónica con una voz que indicara preocupación del otro lado. Me quedé a la espera de que esto sucediera. Triste, desvalorizado.

Al regresar a Miami tampoco nos dijeron nada. No recibimos un correo, ni una palmada en la espalda con un "gracias por haber puesto tu vida en peligro por esta empresa".

Nada. Recordé la política absurda que aplicaba María López con todos: "Si no te digo nada es porque has hecho un buen trabajo, para eso te pagamos un sueldo". Pero esta vez no se trataba de eso, era una cuestión de sentido común, de humanidad, de sensibilidad. Un líder no se gana el respeto de sus subordinados de esa manera, ignorando sus sentimientos, dando todo por sobrentendido.

Entonces me di cuenta de que nunca tuvimos líderes en Univisión, sólo un montón de administradores a quienes el puesto les quedaba grande y nunca dedicaron tiempo a ver más allá de los *ratings* y los bonos de fin de año, que nunca superaron el miedo a tomar decisiones arriesgadas por no perder su empleo.

Y es cómico pensar que en varias reuniones editoriales María López sostuvo que nosotros podíamos hacer lo mismo que las grandes cadenas de televisión estadounidenses, como CBS, ABC o CNN. Que nuestros reportajes podían competir con los de ellos.

¡Sí, cómo no! Con el uno por ciento del presupuesto por historia, con una estructura desmoronada por completo en lo que al nivel técnico se refiere, sin productoras (que siempre estaban demasiado ocupadas para ayudarnos) y sin liderazgo no es posible hacer lo mismo.

¿Está claro?

17. Historias que es mejor no contar

La idea detrás de *Historias para Contar* era buena. Conseguir casos de la vida real, dramatizarlos con actores y después entrevistar a sus verdaderos protagonistas para ver el rostro de quienes vivieron las experiencias en carne propia y escuchar sus opiniones.

El programa fue concebido en parte y contaba con el apoyo de Don Francisco, uno de los hombres fuertes de Univisión, conductor del eterno *Sábado Gigante*, que aún representa una mina de oro para la cadena. Esto a pesar de que hace mucho se quedó sin ideas nuevas y para mantenerse en pie recurre aún a las modelos esculturales, la música y la participación (o ridiculización) del público.

Yo sé por qué *Historias para Contar* nunca salió al aire.

La cadena alegó que puso el programa en un compás de espera debido a su restructuración y posible venta. Pero ya llevaba más de un año en preparación y bien podría haberse lanzado mucho antes de que se llegara a ese punto.

En realidad, el primer factor que contribuyó a que se congelara el proyecto fue el de los problemas legales. Cada vez que las productoras proponían un tema o una dramatización, el departamento legal de la empresa ponía el grito en el cielo: "Si van a hablar de tal persona, es necesario que ésta firme un documento en el cual se estipule que está de acuerdo con que se le represente con actores y se cuente su historia en televisión".

En muchos casos se trataba de violadores sexuales, abusadores de menores y esposas, personas con pasados turbios que no darían su consentimiento para que sus crímenes se proyectaran en la pantalla del televisor donde todo el mundo los viera.

Así, decenas de historias de enorme interés fueron muriendo en los escritorios de las productoras, quienes no ocultaban su frustración por la pérdida de tiempo que significaba investigar caso tras caso para luego verse obligadas a olvidarlos por completo.

No es secreto que el departamento legal de Univisión es demasiado conservador en lo que se refiere a correr riesgos. En lo personal, me hicieron cambiar varios reportajes por temor a que alguna de las personas de las que hablaríamos nos demandara.

Incluso participábamos en seminarios en los que se nos informaba qué precauciones debíamos tomar para evitar problemas legales.

El otro problema que enfrentó *Historias para contar* fue su conductora, la portorriqueña Giselle Blondet.

Según una productora que trabajó muy cerca de ella en el proceso de grabación de los programas que al final se logró terminar, la ex conductora de *Despierta América* no sólo no se preparaba de manera apropiada para las entrevistas que le realizaría a los protagonistas de las historias, sino que su estilo no era el requerido para lograr el efecto dramático que se buscaba.

Con las preguntas y la actitud de Blondet las entrevistas resultaban faltas de interés y aburridas, a pesar de que las productoras le escribían gran parte de lo que debía decir. Si bien las interrogantes se sustentaban en una investigación profunda de cada caso, la conductora muchas veces optaba por ignorar el minucioso trabajo de la persona a cargo del tema y sonaba blanda e inconsistente.

Y en las reuniones de producción se suscitaba el choque de los egos. Don Francisco no quería atacar a una de las consentidas de Univisión; por tanto, optaba por buscar formas de arreglar la situación y trabajar con lo que tenía a su alcance. Pero el enorme ego de Blondet siempre se interponía en su camino.

En pocas palabras, ella siempre fue muy difícil de manejar.

Se demoraba mucho al prepararse para las grabaciones, en ocasiones ni siquiera leía las notas que le elaboraban para que estuviera más enterada de cada historia y supiera cómo interrogar a los participantes.

Lo cierto es que, a fin de cuentas, el programa nunca salió al aire, a pesar de toda la promoción que la cadena le hizo.

Los ejecutivos de Univisión pueden argumentar muchas cosas, inventar excusas para explicar por qué gastaron millones de dólares en la creación de un fracaso, e intentar convencer al público y a los medios de las razones por las que se canceló *Historias para Contar*.

Yo ya les dije la verdad. Sus protagonistas permanecen en silencio.

18. Los personajes

Contrario al pensamiento popular, viajar para un periodista no representa una forma de conocer lugares. Rara vez nos convertimos en turistas. Claro, llegamos a un buen número de ciudades, pero en realidad no conocemos de ellas mucho más que el interior de un hotel, el sitio del suceso que se reseña y el aeropuerto.

Recuerdo que la primera vez que visité Nueva York no pude ver la Estatua de la Libertad, Park Avenue ni las torres gemelas. Pasé por muchas calles, crucé un puente y realicé dos entrevistas, después de las cuales regresé al hotel donde me alojaba. El aeropuerto La Guardia no es feo, pero me habían comentado que son más lindas la Central Station y Time Square.

No fue sino hasta el tercer viaje cuando conocí la majestuosa estatua que vigila Manhattan desde su lugar privilegiado, porque la segunda vez que fui sólo estuve cerca y no pude detenerme a observarla bien.

De lo que no puedo quejarme es de la cantidad de personajes que encontré en mi camino. Buenos y malos, muy buenos y muy malos, nefastos e inspiradores. Eso, más que nada inspiradores, todos ellos. Porque si algo aprendí al recorrer el mundo fue a poner mi propia vida en perspectiva, a verme reflejado en los ojos del entrevistado, a comparar su desgracia o su buena fortuna con la mía y obtener siempre una lección, un mensaje claro que luego intentaba retratar en mis reportajes.

Solía pensar que si mi mensaje positivo ayudaba a mejorar la vida de una sola persona o a salvarle la vida a alguien, mi propósito se habría cumplido y con creces.

Hubo momentos en los que me decía: "¡Y yo pensaba que tenía problemas!", o fantaseaba: "¡Qué bueno sería vivir así o tener eso!". Pero todo con el afán de aprender a ser una mejor persona.

Aquí compartiré con ustedes mis recuerdos de algunos personajes con los que me he topado.

Los muy buenos

El primero que siempre viene a mi mente es el caso del hombre en Honduras que no tenía manos. Se las voló con dinamita pescando en un río cuando era adolescente. Un médico le propuso separarle los huesos del antebrazo para que pudiera usarlos como tenazas y él, al no ver alternativas, aceptó. Cuando lo conocí, Pedro —nunca olvidaré su nombre— era capaz de realizar casi cualquier tarea con sus grotescos pero inspiradores dedos artificiales hechos de hueso cubiertos con piel. Manejaba su automóvil y su bicicleta, encendía fósforos, atendía su humilde tiendita de abarrotes, arreglaba el motor de su vehículo. Nos contó que se vestía y desvestía sin ayuda, limpiaba el patio polvoriento de su casa con un azadón, cortaba leña… Nadie tenía razones para sentir lástima por él, mucho menos yo. ¡Me dio una enorme lección de lo que es vivir!

Su respuesta a una de mis preguntas me sorprendió:

—Ese doctor me salvó la vida pues, de no haber sido por él, hoy estaría sentado en una esquina de mi casa mirando cómo los demás hacen todo y sintiendo pena por mí mismo.

Yo repliqué:

—Y pensar que hay gente que tiene las dos manos intactas y, sin embargo, están mucho más lisiadas que tú…

En otro viaje al mismo país conocí a la ancianita más dulce del mundo. Ochenta y dos años de edad, arrugadísima, apenas podía caminar, pero su espíritu de lucha le daba la vuelta al universo. La descubrimos por casualidad sentada en el borde de una cornisa a unos quince metros de altura y nos dimos cuenta de que cada vez que pasaba un automóvil estiraba la mano.

Sin poder creer lo que veíamos, Harold García, mi camarógrafo, Nelson Medina, mi productor, y yo bajamos del vehículo y la observamos a distancia a través de la lente de la cámara.

En efecto, al pasar cada vehículo ella sacaba la mano arrugada por tantos años de trabajar en la cosecha y criar un buen número de hijos y nietos. No hacía excepciones, era casi un acto reflejo, o, más bien, un leve pedido de auxilio que nadie escuchaba.

Ella sabía tan bien como nosotros que muy pocos la veían. Yo diría que sólo una de cada cincuenta personas se percataba de su presencia. Algunos la habían visto porque pasaban casi todos los días por ahí, pero sólo una fracción de ellos se daba cuenta de que pedía limosna.

Con una mezcla de sarcasmo y ternura titulé mi reportaje "La peor limosnera del mundo". Nunca imaginé que éste se transformaría en "El peor título del mundo para un reportaje".

Resulta que después de que salió al aire la historia cientos de personas que la vieron en la zona se acercaron a la ancianita y le regalaron de todo un poco: comida, una cama, un colchón, sillas, dinero, medicamentos, lo que se les ocurra (por supuesto, dentro de las posibilidades de los vecinos).

Cuando me enteré de lo sucedido volví a verla y realicé otro reportaje de seguimiento para contar los hechos recientes. Esta vez hube de admitirlo en público: se trataba, sin duda, de una de las mejores limosneras del mundo. Dentro de su incoherencia había mucha esperanza y fe en que el esfuerzo no sería en vano.

Quizá necesitó mucho tiempo, pero, por fin, captó nuestra atención y, a través nuestro, la de toda su comunidad. Logró su objetivo escondida en las alturas, estirando la mano, esperando con paciencia. Y consiguió lo que quería: que todos la notaran. La segunda vez que la vimos su hija me comentó que todos los días la anciana le preguntaba:

—¿Cuándo vienen los yanquis?

Je, je, je.

Los famosos

Ricky Martin es carismático y muy buena gente; Julio Iglesias, bastante inseguro; a Jennifer López se le subieron los humos a la estratosfera, y el ex presidente Bill Clinton es más agradable en persona que en televisión.

Éste es un pequeño resumen de algunos de los famosos que me tocó entrevistar en mis años con *Primer Impacto*.

A Ricky Martin lo conocí en París, casi al finalizar la Copa Mundial de Futbol de 1998. Lo entrevisté en un hotel que hoy tiene un cenicero de menos y cuyo nombre no recuerdo. Pero el cantante boricua no sólo me demostró que es una persona sencilla y en extremo simpática, sino que no finge gracia encima de un escenario. Tal cual lo vemos, así es. Sonriente, agradable, habla de igual a igual y se da a respetar por su carisma y no por ser famoso.

No puedo decir lo mismo de Jennifer López, la joven bailarina que llegó a ser estrella luego de desempeñar el papel protagónico en la película *Selena*. Por medio de las productoras de *El Show de Cristina* me enteré de que Je Lo pidió que su camerino se equipara con una enorme cantidad de agua, frutas y otros "suministros de primera necesidad" para cuando llegara a prepararse para la entrevista que le haría Cristina Saralegui, la conductora del programa.

Pero eso no fue todo. Cuentan las malas lenguas que hizo que la maquilladora y la estilista trabajaran con ella durante más de tres horas hasta que la dejaron absolutamente impecable. ¡Y después dice que es la misma, la sencilla Je-Lo de Nueva York!

A quien me tocó observar en persona fue a la leyenda de la canción romántica, Julio Iglesias, mientras se alistaba para el mismo programa. Llegó un día antes de la grabación con el fin de establecer los tiros de cámara y las luces. Pensé que era una exageración, pero allí me di cuenta de que no era así: él no permite que las cámaras se le acerquen mucho ni que lo tomen de perfil si no es el izquierdo.

Se sentó por espacio de más de una hora en el lugar donde le realizarían la entrevista mirándose en los monitores para indicarle a los camarógrafos cuál era el plano que debían tomarle. Los reto a que busquen en alguna revista, en Internet, o incluso en sus videos, una fotografía o toma suya que muestre su otro perfil. Es cierto, créanme, yo lo vi, don Julio controla muy bien su imagen.

Por otra parte, al presidente Bill Clinton lo conocí en una conferencia de prensa en Orlando luego de que un tornado destrozara un campo de casas rodantes. Iba vestido con ropa informal y me llamó la atención lo poco fotogénico o filmogénico que es. En vivo y en directo parece mucho más alto y delgado, hasta diría que más joven de lo que se lo vio tantas veces durante su presidencia. Una anécdota más que incluyo para reforzar la idea de que no todo lo que se ve en televisión es lo que parece.

Los malos

Lo conocimos mientras esperábamos nuestro vuelo en el aeropuerto de Santo Domingo, República Dominicana. Se sentó cerca de mí y mi camarógrafo, y pronto entablamos conversación.

Sin importarle el hecho de que hablaba con periodistas —algo muy obvio por la enorme cámara que llevábamos—, en pocos minutos nos contó por qué venía a su país de origen tantas veces como podía. Su debilidad: las muchachitas, muchas de ellas niñas que no siempre habían llegado a la pubertad. Sexo, eso era lo que vino a buscar y consiguió. Por eso, nos dijo, se marchaba satisfecho, lo cual demostraba con la enorme sonrisa que esbozaba al hablarnos de sus enfermas "travesuras".

Nos comunicó su estrategia: viajaba a las ciudades pequeñas del interior del país y les ofrecía unos pocos dólares a las niñas del lugar. Cuando conseguía su presa la llevaba a un lugar apartado y abusaba de ella.

Lo que comprendí de tan cínicas declaraciones es que esta horrible tragedia afecta a muchas naciones de América Latina. Se trata de una "costumbre" que puede decirse que es incluso aceptada por los adultos.

Un camarógrafo de Univisión me contó que él también lo hacía en su país, pero me aclaró que a él le gustaban un poco más grandes, de doce a dieciséis años. Lo miré sorprendido y le dije lo que pensaba de semejante aberración. Risueño, replicó que en Nicaragua, de donde es originario, es algo que sucede todo el tiempo. Cuando viajamos a Cuba para cubrir la visita del Papa, este mismo camarógrafo llevó a su habitación a una jovencita no mayor de quince años. Ella le pidió que, a cambio de tener sexo, le prometiera que le regalaría una muñeca Barbie. Él le dijo que se la enviaría desde Estados Unidos.

En Internet se tiene acceso a incontables videos en los que adolescentes latinas son sometidas por hombres locales y extranjeros para tener sexo a cambio de unos dólares. Las obligan a realizar un grotesco ritual de baile mientras se quitan la ropa que haría vomitar a cualquiera. Luego abusan de ellas frente a la cámara y en su rostro inocente es notorio el asco que sienten por lo que hacen. Pero es muy posible que, muy en sus adentros, piensen que la condición de sus padres mejorará con el dinero que llevarán a casa.

Y hay más. Las víctimas de esta cultura suelen ser mucho más jóvenes, tanto que es difícil imaginarlo. Me enteré, por ejemplo, de un video grabado en Venezuela donde se ve a dos bebés, una que apenas camina y otra de cuatro años, masturbando a su papá en una bañera. Se escucha la voz de una mujer en el mismo baño que le dice a la más pequeña que no llore, que mire lo que hace su hermanita. Entonces la más grande le practica sexo oral al hombre. Más tarde se ve cómo éste intenta penetrarla, pero no puede y opta por masturbarse contra su cuerpecito desnudo.

En varias ocasiones, por las calles de distintos países latinos me ofrecieron menores de edad con fines de intercambio sexual. Algunas veces pude superar la indignación lo suficiente como para pedir más detalles, pensando que tal vez podría realizar un reportaje encubierto y desenmascarar estas redes de inmoralidad. Pero la tarea no era fácil y sí muy peligrosa, por lo que opté por desistir.

De lo que sí me enteré es que hay jovencitas que viven de eso. Me las han ofrecido de doce años en adelante. Los proxenetas se ubican fuera de los hoteles donde se hospedan los extranjeros y buscan la oportunidad de hablar con ellos para hacer el negocio. Algunas veces los vendedores ambulantes de pinturas y artesanías para turistas cuentan con las conexiones para fomentar este tipo denigrante de prostitución. En Colombia me comunicaron que los padres de algunas niñas las pasean una vez por semana por una calle determinada y los clientes pasan para verlas. Luego se realiza una especie de rifa que gana el mejor postor y la niña, por lo regular de doce a catorce años de edad, termina en sus garras.

¿No les parece que es hora de que los pueblos latinoamericanos tomen en serio tan horribles crímenes contra la niñez y les hagan entender a todos que la "cultura del abuso" es inaceptable? El índice de embarazos en la adolescencia en estas naciones es abrumador, y eso sin contar los que nunca se reportan.

En el ámbito mundial las estadísticas muestran con claridad que los principales responsables de las violaciones de menores son familiares y amigos. Y si a esto le sumamos la práctica de la pedofilia, que se mantiene viva en nuestros países, vemos que la crisis es mucho más grave.

No es necesario que los padres sean millonarios o tengan un alto nivel de vida para hablarles a sus hijos de los peligros que los esperan afuera. En definitiva, la pobreza o la ignorancia no son excusas para permitir la inmoralidad. Tal vez conformen una de las causas de la misma, pero, sin duda, el abuso de menores, este problema tan arraigado que es difícil combatirlo, persiste y se extiende porque hay hombres —o, más bien, monstruos— criados en esas culturas, que viven en países tan civilizados como Estados Unidos y todavía viajan a su tierra para seguir diseminando el mal.

Los regulares

Y luego conocí a aquellos personajes que, sin pena ni gloria, transitan los caminos de la vida sin más propósito que sobrevivir. Me refiero a personas que son por completo ignoradas por la sociedad de la que forman parte.

Tal es el caso del muchachito desnutrido que conocimos en la entrada de un hotel en Tegucigalpa. A simple vista su cuerpo parecía el de un niño de ocho años, pero cuando le pregunté su edad, me dijo que tenía trece. A pesar de su ropa desgarrada y sucia, sus zapatos tan gastados que parecían de papel y su rostro delgado por el hambre, José no dejaba de sonreír un momento.

Por eso se destacaba del resto de los niños que merodeaban alrededor de los turistas en busca de unos lempira para llevar a casa. El rostro de José transmitía un aire de sinceridad que me tocó el alma. Hacía preguntas y deseaba algo más que el dinero: también quería afecto, alguien que lo hiciera sentir visible, importante, aunque fuera por un segundo.

La tercera o cuarta vez que lo vimos, mi camarógrafo Harold García y yo lo invitamos a comer con nosotros.

Tuvimos que explicarle a los guardias de seguridad del centro comercial ubicado frente al hotel que venía con nosotros porque al ver que quería entrar lo detuvieron de inmediato. ¡Como si ése no fuera un lugar público, de entrada libre!

En la sección de comidas le dimos a elegir lo que quisiera, pero no supo qué hacer. Imagínense, un niño para quien la comida constituye un objeto de lujo ver tanta variedad y saber que además sería gratis significaba una ocasión gloriosa. Por fin decidió comer una hamburguesa en uno de los famosos restaurantes estadounidenses que las sirven en todo el mundo y me dispuse a verlo comer con la voracidad de un leopardo hambriento.

Sin embargo, comió y charló con nosotros como si frecuentara el establecimiento, como si la situación le resultara familiar. Entonces comprendí que lo que más le agradaba no era la comida, sino la posibilidad de compartir un momento con dos seres casi extraterrestres para él. Dos hombres de otro país que le abrieron las puertas de su corazón y lo hicieron sentir, aunque sea por esa tarde, como un ser humano igual a los demás.

En nuestra charla nos enteramos de que asistía a la escuela —aunque no le creí que nunca faltaba como nos dijo—, que vivía bastante lejos de allí, que para llegar a su casa debía tomar varios autobuses y luego un bote, y que le interesaba tanto saber de nuestras vidas como nosotros de la suya.

Al finalizar la comida dijo gracias y se fue. Volvió a apostarse en el estacionamiento del centro comercial junto a sus compañeros, con seguridad para contarles su hazaña, pero también para hacer lo único que sabía hacer: pedir limosna y, de vez en cuando, comportarse como niño, juguetón y despreocupado, correr y sonreír junto a los demás.

Cada vez que salíamos del hotel nos saludaba, aunque fuera desde lejos, gritando nuestros nombres que ya conocía de memoria y sólo se acercaba si lo llamábamos —no acostumbro dar dinero a los que piden limosna, prefiero ofrecerles comida o alguna otra cosa que pueda servirles—, hasta que un día le tomamos tanto cariño que decidimos comprarle algo de ropa. La que vestía daba lástima, olía mal y no coordinaba con la espléndida sonrisa que esgrimía cada vez que nos veía.

De nuevo pedimos permiso a los guardias de seguridad y lo llevamos a un negocio donde le compramos zapatos, calcetines y ropa interior. Harold dijo que se encargaría de comprarle unos pantalones y una camiseta en otra tienda. Lo cierto es que José parecía otra persona. Portaba su vestimenta con orgullo, quizá por primera vez en su vida se sentía en el mismo nivel que cualquier otro niño. Nadie lo miraba ya como un pordiosero de la calle, un marginado de ésos que todos ignoran y vuelven invisibles mediante la indiferencia más absoluta.

No quería que ese momento terminara ahí, con un paseo hasta la salida del centro comercial, y que luego se sintiera un limosnero demasiado bien vestido para la ocasión. De modo que lo llevamos al cine, a ver una película para niños recién estrenada en Honduras. Como debíamos marcharnos para realizar una entrevista no pudimos acompañarlo, pero nos aseguramos de que lo dejaran entrar: le pedí al empleado que estaba en la puerta que lo dejara pasar primero, que era amigo nuestro. Su sonrisa se apreció más grande y más brillante al verlo entrar con su ropita nueva, primero en la fila, a un mundo que sólo soñaba que existía.

Durante nuestras charlas le hablé de la importancia de no abandonar los estudios y me prometió que terminaría la escuela primaria. Creí en sus intenciones, aunque sin muchas esperanzas de que eso se volviera realidad algún día. Lo vi tantas veces frente al hotel que me parecía inconcebible que hubiese podido ir a la escuela ese día y luego recorrer toda la ciudad para llegar a su lugar de trabajo.

Varios meses después me llevé una de las sorpresas más agradables de mi vida. Contesté el teléfono en mi oficina y un hombre me dijo:

—Le van a hablar.

De inmediato se escuchó la voz gruesa y emocionada de José, quien me informó:

—Don Pablo, acabé la escuela primaria, ¡me gradué!

Mi voz se quebró de emoción, me sentí como un padre orgulloso que recibía buenas noticias de su hijo perdido. Lo felicité y mientras tanto, pasaron muchas ideas por mi mente.

Llegué a pensar que tal vez nosotros fuimos la inspiración que le dio el empuje necesario para esmerarse porque José entendió que hay cosas mejores en el mundo que pedir limosna y resignarse a su suerte.

Nunca más supe de él. Las veces que regresé a Tegucigalpa lo busqué por doquier. Incluso en otras calles, en otros barrios siempre estaba pendiente de verlo aparecer cual fantasma sonriente. Averigüé con el gobierno de su país, con la Primera Dama, Aguas Ocana, quien creó un programa para rescatar a niños de la calle.

Alguien me dijo que un día lo recogieron y llevaron a un refugio para darle ropa nueva y comida caliente, pero eso fue todo lo que supe de él. Espero que esté bien y que algún día se cruce en mi camino. Siento mucha curiosidad por saber en qué manera le afectó ese acto de generosidad ajena, si le cambió la vida o sólo fue un oasis en su sufrimiento constante. Espero que haya sido lo primero.

Si lo veo me gustaría decirle que siempre lo recuerdo con mucho cariño, que él me enseñó a creer que todos los seres humanos tenemos el potencial para salir de nuestra pobreza intelectual. El simple hecho de haber conseguido ese teléfono para llamarme fue el mejor agradecimiento que podría haberme dado.

Ahora recuerdo lo que me contestó cuando le pedimos que no vendiera su ropa para conseguir comida, que la guardara y así tendría algo lindo para ponerse de vez en cuando. Sus palabras fueron:

—No la voy a vender, pero no podré usarla mucho, seguro que me la roban en el camino, cerca de mi casa o donde pido limosna con los muchachos.

Era comprensible. Era sabio su razonar. Para mis adentros pensé: "José, espero que, al menos, nunca nadie te robe tu sonrisa".

La cura de todos los males

El doctor Miguel Palencia asegura haber encontrado la cura contra el cáncer, el sida y cualquier otra enfermedad incurable que puedan imaginar. Si bien su teoría podría haber sido sacada de un cuento de terror, a simple vista, parece tener sentido.

Lo que proclama a los cuatro vientos el médico de Barranquilla, Colombia, es que ha descubierto una sustancia mágica que se extrae de los buitres —también conocidos como goleros, gallinazos o zopilotes— y que, luego de un proceso secreto de purificación, se le da de beber a los enfermos —con vino, recomienda él—. De acuerdo con su teoría, pues nada se ha comprobado aún, los resultados son sorprendentes.

Para demostrarme el poder de su medicina el doctor Palencia me llevó a conocer a dos de sus pacientes.

El primer caso es el de una mujer con cáncer de seno que fue desahuciada por los médicos y que, gracias a la poción mágica del "Doctor Gallinazo" —como lo han bautizado— había logrado alargar su vida más de un año. La señora nos enseñó unas fotografías de la época en la que le informaron que moriría en pocos meses. Estaba calva y muy demacrada. Ahora, en persona, se veía mucho mejor, lucía un semblante mucho más saludable y su estado de ánimo no era el de una mujer condenada a morir, sino el de alguien que contemplaba el futuro con esperanza.

La enorme herida que le dejó la extirpación de su seno estaba en proceso de cicatrización y, aunque aún se veía grotesca, nos confesó que su aspecto era muchísimo mejor que antes de comenzar el tratamiento.

Lo más importante —y en eso coincido con ellos— es que la paciente recuperó los deseos de vivir y salió de la enorme depresión que le causara la noticia de su muerte inminente. Yo creo que la mente tiene el poder no sólo de prevenir enfermedades, sino también de curarlas.

El segundo caso que conocí del doctor Palencia es el de un hombre de unos treinta y cinco años de edad a quien le diagnosticaron sida en Puerto Colombia, su ciudad natal.

Nos contó que se le cayó el cabello, que bajó peligrosamente de peso y que, al igual que la paciente de la que hablé, mentalizó que le quedaban pocos meses de vida. Todo eso cambió cuando conoció al "Doctor Gallinazo". Dos años más tarde y luego de seguir al pie de la letra el tratamiento, su cabello creció, su cuerpo se regeneró —vimos fotografías de cómo lucía antes y la diferencia era notable— y ahora se dedica al fisicoculturismo.

Le pregunté si contrajo sida por sus tendencias sexuales y me contestó que no, que se debió al uso de drogas. Mi camarógrafo y yo nos quedamos con la impresión de que también pudo haber sido por su homosexualidad, debido a su lenguaje corporal y su forma de ser. Pero ése no es un método científico para averiguarlo, ¿verdad?

La teoría del remedio milagroso del doctor Palencia es la siguiente: las aves de rapiña con las que trabaja son necrófagas, o sea, se alimentan de cadáveres; por tanto, ingieren todo tipo de microorganismos característicos de la carne descompuesta. Siempre llamó su atención que, a pesar de comer las sustancias más tóxicas, estos animales nunca se enferman. Por ello decidió estudiar la composición química de su sangre y sus glándulas y así, asevera, descubrió este medicamento milagroso.

El procedimiento ofrece una ventaja adicional: para extraer la sustancia no es necesario matar al ave y, después de hacerlo, ella la genera de nuevo.

Lo que no ha logrado el doctor Palencia es despertar un interés genuino por parte de los laboratorios farmacéuticos, que no toman en serio su descubrimiento.

En las propias palabras del médico, nadie ha querido producir el remedio en nivel mundial porque eso significaría una pérdida enorme de dinero en la venta de los demás medicamentos utilizados para combatir todas las enfermedades que su poción mágica cura. Y es que —afirma— no sólo sana el cáncer o el sida, sino casi todas las enfermedades habidas y por haber.

Ahora bien, el médico recomienda que a nadie se le ocurra matar a uno de estos animales y tomar su sangre, como se dice que ha sucedido en algunos casos, porque esto produciría una infección inmediata e incluso la muerte. La sustancia que él extrae del buitre es sometida a un proceso especial que permite que el ser humano la consuma.

Sea verdad o fantasía, la teoría del doctor Palencia es una de esas historias que me hubiera gustado investigar con mayor profundidad para conocer toda la verdad, debido al beneficio que la técnica podría aportar a millones de personas. Por desgracia, el poco tiempo que se nos asignaba siempre para realizar nuestros reportajes y la falta de interés de mis jefas en invertir recursos humanos y dinero en algo que no les pareció muy coherente, limitó mi reportaje a un informe de lo que vi y escuché en Colombia. Nada más.

El virus del sida no existe

Con respecto al terrible virus del sida, recuerdo una entrevista que le hice en Nueva York a otro médico colombiano llamado Roberto Giraldo (http://www.robertogiraldo.com), quien sostiene que dicho virus no existe.

Ésta parece una tesis por completo descabellada; pero, de ser cierta, cambiaría el rumbo de la medicina moderna. El profesional, de aspecto serio y expresión muy convincente, logró ponerme de su lado. Desde que lo entrevisté a fines del siglo pasado, soy un convencido más de que tiene razón. Déjenme explicarles por qué.

El argumento más fuerte de Giraldo es que el virus que produce el sida nunca ha sido aislado y fotografiado, como sí se ha logrado hacer con otros que producen diversas enfermedades, entre ellas, la gripa o el herpes. En Internet se encuentran gráficos que muestran su composición, pero ninguna fotografía del virus por sí solo. Tampoco se ha publicado en otro lado una imagen de este tipo.

Su teoría se basa también en que las pruebas usadas para determinar si una persona está infectada no son acertadas. En el movimiento al que él pertenece, conformado por miles de personas, médicos y científicos de todo el mundo (http://aras.ab.ca/rethinkers.htm), se asegura que estos métodos no son confiables ni específicos y que, según quién los interprete, pueden llegar a determinar que una persona sana está infectada con el mortal virus.

Giraldo no niega la existencia de la enfermedad; tampoco lo hace miembro alguno de su movimiento. Sin embargo, asegura que los factores causantes son otros y no un virus transmitido por contacto sexual o con personas u objetos que lo portan.

Su teoría —misma que se explica con más detalle en su sitio de Internet— plantea que el padecimiento es causado por factores estresantes, es decir, por comportamientos de los seres humanos que producen debilidad en su cuerpo y afectan en forma grave el sistema inmunológico. Al bajar las defensas por ingestión de drogas, mala alimentación y conductas promiscuas, el cuerpo empieza a defenderse mediante la producción de los anticuerpos que luego aparecen en las pruebas del sida. Su presencia en estos análisis es lo que le indica a la medicina tradicional que la persona está enferma.

Y, conforme con los "repensadores del sida" —Giraldo es uno de ellos—, los medicamentos que ahora se emplean para combatir el virus no sólo son más nocivos que la propia enfermedad, sino también, costosísimos.

Para demostrarme la veracidad de su teoría, el médico me presentó a dos de sus pacientes —o, mejor dicho, a dos personas infectadas que se convencieron de que el virus no existe—.

Éstos me contaron que abandonaron los tratamientos con drogas como la AZT cuando, tras investigar con todo detalle la información provista por el profesional, decidieron que lo mejor para ellos era correr el riesgo de creerle.

Según su testimonio, su cuerpo comenzó una rápida recuperación y en el momento de nuestra entrevista mantenían la enfermedad bajo control.

Sin embargo, Giraldo me advirtió con seriedad que esto no significa que todas las personas bajo tratamiento contra el sida deban abandonarlo por completo, de un día para otro. Recomienda que se informen como es debido antes de tomar semejante decisión; que se convenzan en verdad de que lo que van a hacer es algo en lo que creen profundamente.

Además, advierte sobre la importancia de hacerse revisar por sus médicos y de comunicarles sus planes de dejar de tomar esas drogas.

Algo que aprendí durante mis viajes y entrevistas es que todos los incomprendidos aducen que los grandes genios de la humanidad, como Einstein, Cristóbal Colón o Van Gogh, fueron considerados locos y vivieron marginados por la sociedad debido a sus teorías o métodos poco convencionales. Pero el tiempo les dio la razón.

Con lo anterior no pretendo afirmar que los dos últimos personajes de quienes les hablé formen parte de ese grupo tan especial. De lo que sí estoy seguro es que gracias a personas como ellos se debaten los temas que no deben olvidarse. Conformarnos con lo que tenemos y sabemos es una manera de aceptar con ceguera nuestro destino, lo cual puede ser en extremo peligroso.

Conformarse es de ignorantes y mediocres y con el cúmulo de información disponible en Internet, es hora de que todos nos interesemos en encontrar la verdad, por más insignificante que pueda parecer.

Les aseguro que no hay que ser periodista ni viajar por el mundo para dar con ella.

Por supuesto, quedaron cientos de personajes fuera de este relato. No crean que los excluí por falta de tiempo o porque sus historias no sean interesantes. Más bien, decidí seleccionar las que me parecieron más provocativas y extraordinarias.

Las demás, como podrán imaginar, son también dignas de narrarse. Por ejemplo, la de la mujer que era sólo piel y hueso y pensaba que le habían metido un sapo en el estómago para causarle un maleficio. O la de los niños que se perdieron en una selva de Argentina y se escondieron al ver un helicóptero de rescate, asustados porque nunca habían visto algo parecido. O la de la mujer cuyos ojos estaban casi por completo fuera de su cara por un tumor que los empujaba hacia adelante. O la de los niños que parecían peces por una enfermedad muy rara de la piel que los obligaba a estar dentro del agua casi todo el día para evitar la comezón.

Todos ellos fueron, de una u otra manera, mis profesores favoritos, los que me enseñaron a ver mi propia vida desde una perspectiva distinta y a respetar los valores cuando y donde se debe. Les agradezco que me hayan permitido mostrarle a la audiencia que hay personas menos afortunadas para quienes la vida continúa a pesar de sus males y desgracias, de sus desventajas y sufrimientos.

Por eso, cuando mis hijos me reclaman que no tienen el celular o el sistema de juegos electrónicos recién lanzados al mercado, intento explicarles cuán afortunados son por contar con todo lo que tienen —¡aunque muy a menudo luego se los compre!—.

Esto sin olvidar que, de alguna manera, ayudé a muchas otras personas a ser más tolerantes y comprensivas al presentarles mis reportajes.

O, al menos, eso fue lo que siempre intenté hacer.

Índice onomástico